中国はなぜ、何があっても謝れないのか

石 平

SB新書
512

はじめに

私は今、日本で評論・執筆活動をしているが、中国四川省・成都生まれの元中国人である。

そんな私から見て、あらゆる局面において自分に非があってもそれを認めない、中国政府のふてぶてしい態度は目に余るものがある。今の中国は、「習近平の中国共産党のため」に存在しているようなものだ。約14億人もの民衆を、一部の共産党員が自分たちのためだけに使役しているような国家、と言っても過言ではない。私はこのような中国の現実を目の当たりにし、政府の横暴の数々に幻滅した。そして2007年、日本に帰化し、日本人となったのである。

中国人民に対する共産党政府のひどい仕打ちの数々は、歴史を振り返っても枚挙にいとまがない。

たとえば、毛沢東時代の大躍進運動・文化大革命——これらは世界史上でも類を見ないほどの大飢饉をもたらした。一説によれば、大飢饉によって亡くなった民衆は4500万人にものぼるという。のみならず、産業、インフラ、環境が著しく破壊された。そして約30年前、青年時代の私が目撃した鄧小平時代の天安門事件。多くの若い仲間たちが命を奪われた。この事件について思いをめぐらすたびに、私は言葉では言い表せないほどの苦しみに襲われる。

昨今、中国共産党政府によってもたらされた災厄と言えば、全世界が甚大なる被害を受けた新型コロナウイルスである。

この災厄について、中国は「自分たちが引き起こしたものではない」と主張し続けている。しかし今年5月、アメリカのトランプ大統領は「武漢市にある研究所からこのウイルスが流出したという一連の主張を裏付ける情報を得、遠くないうちに公表すべく、報告書の準備を進めている」と語った。

5月末、このウイルスへの中国政府の対応に関して、トランプ大統領は「中国政府の影響力が強い」としてWHO（世界保健機関）から脱退する方針を明らかにした。

また、中国が中央政府への反発の強まる香港において、反政府運動を取り締まる「国家安全法」を導入する方針を示したことに対しては「一国二制度を一国一制度に変えた」と強く批判。対抗措置として、香港に対してこれまで認めてきた貿易などの優遇措置を停止し、政府当局に制裁を科す方針を発表した。

中国の一連の対応の不手際に対して責任追及を求める動きは、アメリカのみならず世界中に広がっている。にもかかわらず中国は、一向に謝ろうとはしない。

中国国民には何の罪もない。国内の民衆、世界中の人々に対し真実を伝えず、誠実な対応を怠った中国共産党政府には怒りを禁じえない。

本書では中国共産党政府が、なぜ「本当のこと」をひた隠し、ウソばかりつくのかをひも解いていく。

この本をきっかけとして、日本の読者が、これからの時代に中国とどのように向き合い、付き合ってゆくべきかを考える一助として頂ければ幸いである。

令和2年6月

石平

『中国はなぜ、何があっても謝れないのか』
目 次

第3章 民主国家の常識が通用しない独裁国家

第4章 知られざる中国最高指導者の系譜

第5章 日本人にはわからない中国国民の真意

第6章 習近平体制が終わる日

第1章

中国はなぜ、新型肺炎について謝罪しないのか

ウイルスは、武漢の研究所から流出した？

世界中に甚大な被害をもたらした新型コロナウイルスの発生段階から現在に至るまで、いろいろな紆余曲折《うよきょくせつ》はあったが、中国の一貫した姿勢は、あの手この手を使った情報隠蔽である。そのような手段を使っても、中国政府は一向に中国国民・また世界に対して謝ろうとはしない。一体なぜであろうか。

一時はあたかも、首脳部の反省に基づく情報公開に転じたかのように見えたかもしれないが、それも情報隠蔽、カムフラージュ路線の一環である。

２０２０年の年初の段階までは「中国の一疫病」にすぎなかった新型コロナウイルスは、日本、欧米、そして全世界へ、猛烈な勢いで拡散していった。この原稿を書いている２０２０年6月1日時点で、感染者数６１３万１０９３人、死亡者数37万69人。百年前、１９１８年1月から１９２０年12月までの期間で当時の全世界の人口の約４

湖北省・武漢はどこにあるのか

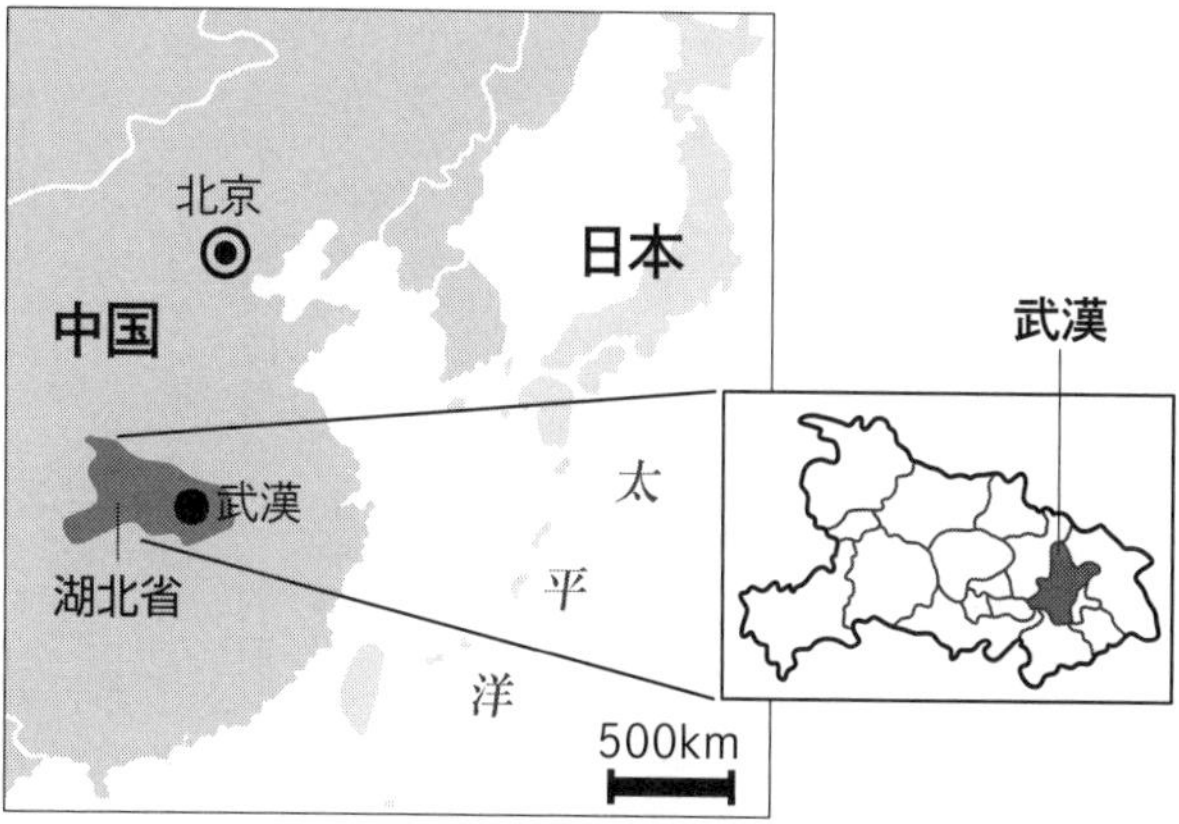

分の1もの人々が感染し、多数の死者を出した「スペイン風邪」以来の、「百年に一度の人類の危機」である。

このウイルスの発生源については、これまであらゆる説が飛び交ってきた。そのうちの1つが、米誌『ワシントン・タイムズ』が2020年1月に報じた、中国湖北省・武漢市にある国立の病源体研究機関が発生源かもしれない、というものだ。この記事を書いた人物は、米中両国の軍事動向に詳しいベテランジャーナリストのビル・ガーツ記者である。

私自身はかねてより、この「武漢の研究所発生説」を主張していたが、当初は疑いの目を向ける人々も数多く存在した。

しかし、2020年4月に入り、大きく状況が変化しはじめる。アメリカのトランプ大統領がこの説について「調査を進めている」と語ったのだ。

米FOXニュースは、4月15日、このウイルスの発生源について、武漢にある海鮮市場ではなく、コウモリが持つコロナウイルスに関する研究で知られる、中国科学院の「武漢病毒（ウイルス）研究所」から発生した可能性が高まっている、と報じた。

そしてトランプ大統領は、30日、「具体的な内容については語ることはできないが、このウイルスが中国武漢の研究所から発源したという情報を得た」と主張した。

そして5月に入るとより具体的に、「武漢市にある研究所からこのウイルスが流出したという一連の主張を裏付ける情報を得、遠くないうちに公表すべく、報告書の準備を進めている」と語ったのである。アメリカ政府は、疫病を世界中で蔓延させる一翼を担った中国の一連の対応を厳しく批判したのだ。

世界中で強まる責任追及の声

中国への責任追及を求めたのは、アメリカ政府だけではない。「世界各国の新型コロナウイルスの被害は、中国政府の隠蔽工作が一翼を担った」という声があちこちで上がり、中国政府の責任追及・損害賠償を求める動きが欧米諸国へも広がっている。

にもかかわらず中国は強硬な姿勢を崩さない。中国は自国に広がる「収束ムード」を演出。5月1日から始まった「労働節（メーデー）」の5連休では、中国メディアの報道によると延べ1億1700万人の交通機関の利用が見込まれ、9000万人が旅行すると予測された。1日～5日までの実際の統計データでは、旅行者数は1億1500万人となった。

首都封鎖や入国禁止など、徹底した対策を講じてきた海外諸国も、5月に入って以降、少しずつ経済活動を再開し始めてはいる。しかし、この疫病の特効薬が現段階では世の中に存在しない以上、完全収束までは長い道のりとなるであろう。

はじめに述べたように、「情報隠蔽工作」は中国政府の常套手段だ。中国共産党は、この新型コロナウイルスに関して、これまでどのように真実を隠してきたのだろうか。時系列にそってたどってみよう。

武漢はなぜ、一瞬で封鎖されたのか

まず武漢では、2019年12月の段階でウイルスが発見された。一部の医師たちがSNSで発信し、警戒を呼びかけたが、政府はそれを隠し逆の情報を流した。最初のウソは、「人から人へ感染することはまずないから安心してください」という情報である。このウソの発信を信じた武漢の人々は安心して普通に生活して、イベントに参加したり会食したりしていた。そしてそれが結果的にまず、武漢市内の感染拡大を招いた。

感染が拡大して隠すに隠せなくなって、事態の深刻さをようやく把握した習近平国家主席と李克強首相は相次いで指示を出して、ウイルス拡散を阻止する号令をかけた。しかし、そのときすでに翌2020年の1月20日になっていた。

その時点で初めて、専門家による見解「人から人へ感染する」ことが明らかになった。この日から、中央テレビ局なども報道しはじめ、23日には武漢市の交通網を遮断して都市を封鎖するという措置をとった。

これは、事実を報道すべき使命を持つはずのマスコミが、当局の許可なしではそれができないという中国の実態を物語っている。

このときすでに、武漢では大量の感染者が出ていたのである。閉鎖される前、これらの人々は、正月休暇の恒例にしたがって、武漢から出て帰省したり外国旅行に出かけたりしていたのだ。

つまり、中国共産党が隠蔽している間に、ウイルスは拡散してしまったことになる。日本でも、屋形船に同席した日本人が感染したのは、武漢閉鎖以前だった。

これが、新型コロナウイルスに関して中国政府が行なった情報隠蔽と情報統制の一端である。国内で何かよからぬ事態に遭遇すると、彼らが採用するのは、こうした情報の隠蔽と操作なのだ。

この「よからぬこと」が、中国国内にとどまっているのであれば、我々が関知するところではない。

しかし、彼らの隠蔽体質によって「よからぬこと」が世界中に拡散するのであれば、黙って見過ごすわけにはいかない。その隠蔽体質を見破る能力を身につける必要がありそうだ。

しかも、封鎖を宣言したのは23日の午前2時、実施されたのは午前10時と不思議なことが起こっている。まるで、ミステリー小説ばりのこの8時間の空白が、いかなる理由によるものか謎である。

さだかではないが1つ考えられることは、湖北省と武漢市の幹部が親族たちの脱出のため、時間を稼いだのではないかということだ。だから、市民が眠っている時間に宣言し、起きて封鎖を知るころには、幹部の親族は逃げ出していたのかもしれない。

しかもこの幹部がどのレベルまでだったのか、逃げ出した人の数は30万人とも言われている。これが、全国的にウイルスが拡散する一因になっていたとすれば……そう考えると空恐ろしくてならないのである。

とはいえ、日本においてここまで広がってしまった原因は、初動段階からの日本政府の対応のまずさと遅れにもあることは否定できない。２０２０年5月に入り、世界各国で行なわれていた都市封鎖が次第に緩められていった中で、日本が緊急事態宣言解除に向けて他国に遅れをとったのも、政府の対応の遅れが一因と言えるだろう。

このウイルスが日本にもたらされた初期段階を振りかえれば、中国政府が武漢を封鎖したのは23日、日本が武漢と湖北省からの入国制限に踏み切ったのは8日も経った31日のことだった。

中国の春節（旧正月）と重なっていたために、この8日間に武漢や湖北省に滞在したり渡航歴があったりした人が、日本に入国していたのである。

封鎖されたときには手遅れだった

要するに、中国共産党による情報隠蔽は、中国人民に大きな被害を与えただけではなく、世界全体に災いをもたらしたのである。

その典型的な例が、戦争でもないのに実施された1月23日の武漢1000万人都市の封鎖だった。これは中国史上、いや世界史上でも前代未聞の話である。

この時点で、中国国内だけではなく国際社会全体が、武漢とその周辺で、容易ならぬ大事件が起きていることに気がついたはずだ。

しかし、これほど大きなことをやった当日、習近平たちは何をしていたのか。世界中が驚愕して受け止めたにちがいないというのに、なんと、「天下泰平」を装い、何事もなかったかのような姿勢を演出して見せたのである。

というのも、この1月23日が春節（旧正月）の前々日だったからである。習近平はなんと、武漢から遠く離れた北京にある人民大会堂で、「春節団拝会（春節賀詞互換会）」を主催していた。

つまり、中央指導部のメンバーたちと春節を祝っていたのである。

そして、翌24日の『人民日報』の一面に掲載されたのは、この「春節団拝会」の模様だった。この会の写真と記事が、祝いの印である赤を用いた印刷で、大きく紹介されていた。

しかも、新聞のどこにも、新型肺炎や武漢閉鎖の記事は見当たらなかった。それも道理で、この日は春節の大晦日という大事な日である。だから、めでたくない記事を載せるわけにはいかないのである。

大事な日だったために、『人民日報』だけではなく、中国のあらゆるメディアは、新型肺炎のことを取り上げなかった。

ほとんどの中国国民は、明るいお祝いムードの中で、中央テレビが流すお祝い番組を見ながら大晦日の宴会を催していたのである。

武漢だけではなく中国全土の宴会やイベントの席で、新型コロナウイルスがチャンス到来とばかりに、入り込んでいることに中国国民は気づかなかった。

気づいたときはすでに遅く、チャンスをつかんだウイルスはその猛威を発揮し、拡散させ始めていたのである。

感染者を隠し続けた中国

というわけで、中国政府が本腰を入れて新型コロナウイルス対策に動き出したのは25日のことだった。この日、習近平主席が主宰する政治局常務委員会会議が開催され、「新型肺炎疫情対策指導小組（対策本部）」が設置された。

そして26日に対策本部の組長に就任した李克強首相は、初会合を開いて、国家的総力をあげたウイルスとの闘いを宣言した。

中国国内の新聞やテレビは、まさに、国家のお許しが出たこの日から、紙面や時間帯を大量に使って、「ウイルスとの闘い」を集中的に報じ始めた。中国全土はようやく、春節のお祝いムードを脱出して、「戦時状態」の雰囲気に包まれたのである。

その後、本格的にウイルスとの闘いに取り組んでいる姿勢を、あれこれアピールしてきた中国だが、習近平が、発生元である武漢市を視察したのは、2週間以上後の2月10日になってからだった。


そしてさらに1週間後の18日、今度は一転して武漢市における新規感染者が初めて確認されなかったとして、ピークは過ぎたと発表した。

3月に入ってからは、中国国内よりも、日本など海外の状況のほうがひどいと言い出している。たしかに、残念なことに、イタリアやイラン、さらにヨーロッパ全域に中国を超える勢いで感染は広がっていった。


中国が、こうした宣伝を国内でも活発に行なっているのには、2つの意味がある。1つは、中国共産党の強力な主導の下で、我々の状況は格段によくなっているという、国民に対するプロパガンダ効果である。

つまり、日本もイタリアもイランも全部封じ込めに成功していない、それは共産党政府がないからであると言いたいのである。共産党への信頼を取り戻すことが目的なのだろう。

そしてもう1つは、国際社会の目を中国からそらすためである。

我々はもはや感染国ではない、感染国はイタリアであり韓国でありアメリカだと言いたいのだ。感染させたのは自分たちであるとは口がさけても言わないのである。

しかも、その時点から逆に、外国人の中国入国を制限しはじめた。抑え込みに成功していることを内外にアピールするためである。

しかし、成功しているのかどうか、それは不明である。情報を隠すことは簡単で、数字も容易に操作できるからである。本当は毎日、新規感染者が出ているのかもしれない。しかし、中国以外どころか中国国内でも、政府幹部以外の誰にもわからないのである。

そもそも、武漢では最初から高齢者はカウントされなかった。その理由は簡単だ。封鎖されてすべての交通機関が止められてしまったために、高齢者は、感染しても病院へ行けないのである。

結局、家の中で死を待つことになり、死んでもただの病死とされて感染者の仲間入りはできないのだ。高齢者だけではなく、お金がなくて病院へ行けない貧困者も同じである。

だから、私の見たところ、武漢では、1月の段階ですでに10万人以上の感染者が出ていたはずだ。

その根拠は、日本政府が邦人引き揚げの処置をしたときの感染者の数である。第一便に206人乗り、そのうち感染者が3人いた。感染率は約1パーセント、それを武漢の人口1000万人に当てはめれば10万人になるのである。

このように、政府が出す数字や政府発表への不信感は、中国国内でも強い。

「武漢市の封鎖を解除するには、情報を明らかにしなければならない」

「当局が感染者ゼロと言って市民が安心してしまったら、再び最悪の状況になるかもしれない」

「感染ゼロなど信じられない」

「政府が隠したために、感染が広がったときに味わった恐怖が忘れられない」

などといった声がささやかれているのである。


その背景にあるのは、武漢市高官が示した「感染者が増えたとき、その責任は各区の区長にある」という通達である。これでは、感染者が出ても届け出る区長はいまい。住民が警戒するのも当然だ。


また、香港の新聞『サウスチャイナ・モーニング・ポスト』は、

「WHO（世界保健機関）の基準では、無症状であっても検査で陽性ならば感染者とするが、中国政府は2月7日にガイドラインを変更して、こうした患者は数に入れてこなかった。2月末までに約4万3000人が統計から漏れている」

と報道した。その数をプラスすると、中国の感染者は12万人以上ということになるのである。

ウイルスの発生源もひた隠し

本書の冒頭で述べた、今年5月に入ってからアメリカ政府が決定づけた「新型コロナウイルス＝武漢の研究所起源説」が世間に知れ渡る以前は、野生動物が売買されている武漢市内の海鮮市場が発生源であると言われてきた。中国国内でも、専門家がその旨の論文を出している。

ところが、3月12日、新型ウイルスは米軍が中国に持ち込んだ可能性を示唆する投稿がツイッター上に登場した。主張を裏付ける証拠が示されていないところを見ると、信憑性は限りなく薄いものだった。

しかし中国では、新型ウイルス流行の責任は米国にあるとの陰謀説が、ソーシャルメディア上で急激に広まってしまった。

中国政府もまた、米国の高官が「武漢ウイルス」と呼んだことに抗議し、中国当局者や著名な医療専門家からも、ウイルス発生源は別にあるのではないかという発言が飛び出した。

どうしてそこまで、発生源の問題を隠蔽するのか。私が思うに発生源は、武漢病毒研究所である可能性が高い。中国は広い国土を有しているが、このような研究所が至るところにあるわけではない。

武漢は、その数少ない設置場所の1つである。

上海や四川省から発生していないのは、そのどちらにも病毒研究所がないからだ。つまり、発生したのは武漢であり、武漢には病毒研究所がある、そこが発生源という図式が成立するのである。アメリカ政府も発表したが、これは、誰が考えてもそう思われるものなのだ。

しかも、新聞でも報道されたはずで、アメリカのせいにする前の2月、中国の科学部は、病毒を扱っている全国の実験室に「管理を強化するように」という通達を出している。

これから管理を強化するということはつまり、今までの管理に問題があったということになるのは、小学生が考えてもわかる道理である。

情報隠蔽は代々続く「お家芸」

元をただせば、これはすべて中国共産党の「情報隠蔽」が原因だ。

なぜ情報隠蔽が起きるのだろうか。それは、中央政府と武漢の地方幹部が責任の擦《なす》り合いを行っているからである。

最初に一般の人々から追及されるのは、やはり武漢市政府だが、中央テレビ局の中継番組に出演した市長の周先旺氏は、これらの非難に対して、次のような思い切った発言をした。

「自分たちは情報を把握し、報告もしているが、自分たちの権限では情報を発表することができない。上からそういう権限を与えられていない。だから、自分たちの責任ではない」

彼が言ったことには2つのポイントがある。

1つは「自分たちは情報を把握している」ということ、そしてもう1つは、「上には報告しているが発表する権限はない」ということである。

なかでも重要なことは、「上にはすでに報告している」ということである。

市長の意図は、「自分たちが上に報告している以上、情報隠蔽の責任は自分たちにはない」と主張することにあった。

もし、「報告していない」ということになれば、中国政府は、「報告されなかったから、知ることができなかった」としてこの市長を辞任させることもできただろう。

しかし、報告をしたことが明らかにされたことで、公表しなかったすべての責任は上にあるということになった。

市長の談話を否定できなかった習近平主席はのちに開かれた政治局会議で、「私が1月7日に指示を出している」と言い出した。ところが、何を指示したのかについては一切触れられていない。

情報を隠蔽せよという指示だったのかもしれない。だからこそ、武漢市長は「権限がない」として発表をしなかったのではないか。

要するに、中国共産党による情報隠蔽は決して武漢市だけの問題ではなくむしろ中央政府主導の政権ぐるみの隠蔽工作だったのである。


もう1つ、前述の武漢市長が指摘した「権限がない」という事実は、中国の政治問題を考える上できわめて重要な問題である。これが日本ならば、市長や県知事は住民に選ばれている。だから首相に何を言われようと、公表する権限を持っている。

もちろん、よほど重要な案件でないかぎり、報告の義務もない。たとえば、各県の知事は、その日の感染者の人数などは報告せずに発表しているのである。

中国はなぜ、ウソばかりつくのか

一方中国では、市長は住民が選ぶものではなく、上から任命されている。

したがって、市長は市民に対して責任を負う必要がない。だから、ただただ上だけを仰ぎ見て、上の命令にしたがって行動すれば良いのである。中国の一党独裁体制の問題点の1つはここにあるのである。

中国政府は何のために、ここまで情報を隠蔽するのだろうか。それは、習近平の指導する中国という国家はさまざまな深刻な問題を抱えているからである。経済が落ち込んで社会的不安が拡大している中では、国民を安心させて政権の安定を維持するためには、疫病の発生などの事態をできるだけ伏せておきたいのだ。

とくに新型肺炎が発生したときは、旧正月を迎えるときだった。だから、政権を維持するためには、春節をみなで楽しむ雰囲気を作り出して、「この国は治安が安定しているよ」「この国は安泰ですよ」というイメージを作り出す必要があったのだ。

春節を寿ぐためのこうした和気あいあいの中で、習近平は自分にとっての悪い情報は聞きたくないだろう。

情報隠蔽が起きた背景のもう1つは、習近平主席の独裁者ぶりにある。いい情報だけを聞きたいのが独裁者だ。だから、聞かせたくないと考える側近たちも、1月20日まで、武漢で起きている深刻な情報を報告しようとはしなかったのではないか。

独裁政権では、側近はボスの喜ぶ情報しか持っていかないものなのである。せっかくの春節の前に、悪い情報を入れることで、ボスのご機嫌を損ねることを恐れているからだ。

だから、武漢市長からの情報が、どこかでとどまっていて習近平まで届かなかった可能性がある。

あるいは、習近平が知っていながら、天下泰平の雰囲気を壊したくないと考えて、1月7日に情報隠蔽を指示したのかもしれない。どちらだったのかはわからないが、いずれにしても問題の根底にあるのは独裁政治なのだ。

中国政府が真実を明らかにしない理由はまさに、この独裁政治を守るためである。そのために、思えば建国以来のこの70年、数字を水増ししたり、歪曲したり、情報を隠蔽したりの「ウソ」を繰り返してきたのである。

第2章

中国ではなぜ、「本当のこと」を言ってはいけないのか

新型肺炎の真実を発信した医師たちの末路

ご存じの方も多いと思うが、２０１９年12月30日、武漢で新型肺炎のウイルスが拡散しつつあることを最初に発信したのは、李文亮という眼科医である。

彼は、武漢市内に重症急性呼吸器症候群（ＳＡＲＳ）が発生した可能性があると、私的に中国版ツイッター「微博（Ｗｅｉｂｏ）」で流した。せめて自分の知り合いにだけでも「気をつけたほうがいい」と警告したかったのだろう。

ところが、政府当局が中央テレビ（ＣＣＴＶ）を使って、李氏のことを「デマの流布者」と決めつけた。李氏は警察に呼ばれて訓戒処分を受け、拘束されて反省文に署名をさせられたのである。

しかし、彼はその後、自身もこの新型肺炎に感染し、「微博」に人工呼吸器をつけた写真を投稿していたが、２月６日、33歳の若さで亡くなってしまった。

李氏以外にも、2020年1月の年明け早々、やはり「不明な肺炎についてデマを流した」という理由で、警察から処分を受けた医師たちは8名に及んでいる。

また、前の章で、病毒研究所のずさんな管理の仕方が想像される、という話をしたが、ということは、ここから第1号の患者が出てもおかしくはない、という結論に達しそうだ。

じつは、中国では今でも謎になっているが、ネット上では、病毒研究所の研究員・黄燕玲氏という女性がそれにあたるのではないかとされている。

私がそれを知ったのは2019年11月末の話で、黄氏がその研究所に在籍していたのはネット民が突き止めていた。

さらに2月16日に中国のメディアに次のような見出しの記事が載った。

「生物の安全を確保！ 科学技術省は実験室、特にウイルスの管理を強化することを要求した」

記事を要約すると、「科技部社会発展科技司の呉遠彬司長は、今日（15日）の記者発表会で、規範管理とサービスを強化し、応急科技難関を推進するため、《新冠（新型）

ウイルス微生物研究所の生物学的安全管理の強化に関するガイドライン》を発表した」というものである。

つまり、中国政府がウイルス等の実験施設を管理すると、中国全土に報道したわけだが、これは同研究所からウイルスが漏れたことを受け、政府はちゃんと対応していることを世界にアピールしたかったのではないか。

黄氏は今は行方不明であるが、武漢病毒研究所はこの疑惑を否定している。「黄さんという女性は研究員として勤めていたが、今は辞めている。地方に戻って仕事をしていて、今でも、感染などされずに元気である」というのが、研究所の公式発表なのである。

しかし、おかしいではないか。もし、研究所の言うことが正しいのであれば、本人が元気な姿を見せればいいのである。

そうすれば、デマであることが判明するはずなのに、未だにご本人は姿を見せないのだ。彼女が存在しているかどうかを、誰も知らないことへの疑惑は、深まるばかりなのである。

反逆者から英雄へ

意図的に貼り替えられたレッテル

病毒研究所の研究員・黄氏と違って、SNSでよく知られていた武漢の医師・李氏の死の反響は、凄まじいものがあった。李氏の死を悼む投稿が爆発的に増えると同時に、当局の情報統制に対する怒りの声が上がった。

さすがに、こうして問題が拡大化すると、中国共産党中央政府もこれらの声を無視することができず、李氏の死に哀悼の意を表明した。李氏の名誉回復を示唆することで、国民の憤懣《ふんまん》を和らげ、事態の鎮静化を図ろうとしたのだ。

当初「でたらめを言う」とされていた彼を、政府はその後、手の平を返したように誉めそやしはじめた。これを聞いて、中国政府もまんざら虚偽に明け暮れているだけでもないのではないか、という意見もあるかもしれない。

私には、そういうところこそが中国らしいと思えるのだ。彼らを処分したとき、じつは中国政府はそこまで真実を知らなかったのだろう。そこが、習近平らしいところで、彼はネット上で真実を流す人を徹底的に叩《たた》くのである。

武漢市政府も、それにしたがって一貫した方針にしたがい、李氏を拘束してそれなりの処分をした。しかし、のちに起こった状況から、中国政府は事態を認めざるをえなくなったのである。

そこで政府は、彼らの言ったことを手の平を返すように認めることにした。まずいことに、李氏はウイルスに感染して亡くなった。それも、政府が態度を変えなければならなくなった大きな要因である。

なぜならば、李氏は一種の殉職といえるからである。当然、周囲は彼を英雄視するだろう。だから、もし政府が態度を変えなければ、国民の憤りが増大する。

それを恐れた政府は、先手必勝とばかりに、国民が彼を英雄としてあげる前に、急きょ李氏を認めることにしたのである。

彼らが李氏を心から英雄視しているわけではないことは、未だに李氏を拘束した人々は罰を受けていないことで明らかである。

2020年4月に入って3日、中国政府は感染死した人たちを追悼する全国的な活動を行なうと発表している。とくに防疫活動に関わって殉死した医療関係者たちは「烈士」として認定し、追悼の対象になるという。

このなかで李氏も、湖北省政府が「烈士」と認定したと伝えられたが、これも明らかに政府の初動対応に対する国民の不満をかわす狙いがあるだろう。

党の権威を支える「ペン」と「銃」

中国共産党政権を成立させているのは、彼ら自身の言葉で言えば「銃」と「ペン」の2本の「伝家の宝刀」である。彼らは政権を維持するために、この2本の「宝刀」を必要としている。「銃」は文字どおり「軍力」だが、「ペン」とは「宣伝」のことである。

「ペン」を先進国のマスコミや文学と考えてはいけない。民主主義国家のマスコミや文学は、政府批判も辞さない大衆の媒体だが、中国の「ペン」はまったく違うからである。「宣伝」と私が言ったのは、そういう意味である。

つまり、中国におけるすべての新聞やテレビは、中国共産党政権の宣伝機関であって、宣伝のためにあるのだ。中国全土のテレビ局、ラジオ局、新聞社、雑誌社の総元締めは中国共産党宣伝部であり、宣伝部長は中国共産党の政治局の局員なのだ。

政治局員は二十数人、その上に、「政治局常務委員会」という名の最高指導部があって、7人で組織されている。その7人の1人が宣伝工作を統括している。

日本の皆さんには信じがたいことかもしれないが、今回の新型肺炎が蔓延したときも、宣伝部がもっとも活躍している。


前に話したように、1月25日、中国共産党政治局常務委員会が、新型肺炎に対する対策本部（中国では指導小組）を作り、組長に李克強首相が就任した。この対策本部の副組長（副総長）に就任したのが、政治局常務委員として宣伝を統括する王滬寧という人である。

つまり、共産党政権にとっての重要課題が、ウイルスを抑えることではなく、宣伝工作であることを物語っている。

だから、中国の官製メディアの肺炎に関する報道では、ウイルスの拡散で苦しんでいる武漢市民の不安や市内の惨状は取り上げられていない。報道の中身は、「人々が共産党の指導の下で、いかに勇敢に戦っているか」に絞られている。

この宣伝工作の実態は何か。その答えを一言で言えば「人を騙すこと」である。騙す手法は2つあって、1つは真実の情報を隠蔽すること、もう1つはウソの情報を流すことである。

このような宣伝手法は、ナチスドイツがやったことと同じと言えよう。人々は、巧みに宣伝されれば、信じてしまうものなのだ。

だから、情報隠蔽体質は、共産党政権が成り立つためのものであり、それがないと中国共産党政権は成立しないのである。このように体質的なものだから、今始まったわけではなく、昔から同じことをしてきたのである。

このような隠蔽体質に対して、一部の民間人はＳＮＳを利用して武漢で起こっている真実を伝えようとした。

たとえば、民間ジャーナリストの陳秋実氏である。

武漢が封鎖される直前市内に入った彼は、連日のように治療現場や亡くなった人の火葬場を訪れたり、肺炎で苦しんでいる人々を取材したりして発信し続けた。

また、武漢市民の方斌氏も同じように取材をしては発信した。しかし、共産党政権は体質上、こうした真実を伝える行為を許さない。

2人とも、ある日突然行方不明になり、現在のところでは消息がつかめていないのである。

宣伝は国家権力と結託する

また中国には、健康衛生を担当する衛生部（省）という中央官庁があるにもかかわらず、そこの部長は対策本部のメンバーになっていない。

この事実を加味して考えれば、中国共産党が重視しているのが、国民の生命に関わる健康衛生よりも、党の評判を落とさないための宣伝工作にあることがさらにわかるというものだ。つまり、宣伝工作こそが命綱なのである。

そして、前項で述べた医師ら8名が処分されたとの報道を知ったとき、私は直感的に、医師らが「デマを流布した」とされた、その「デマ」の内容が、じつは真実以外の何物でもないことを確信した。

中国で生まれ育った私であれば、中国政府が「デマ」と宣伝するものが、じつは「真実」であることにすぐに気づくのだ。

しかも、8人もの医師が一斉に、「正体不明の肺炎が広がっている」と言っているのだ。肺炎の広がりが、かなりの大きさであることは容易に想像がつく。

だから私は、8人の処分を知った直後の1月8日、ツイートで「武漢とその周辺へ渡航しないように」ということと、「日本政府は警戒措置をとるべきだ」との警告を発したのだ。

この時点で、「この武漢での肺炎はただごとでない。大規模なものだ」と推察できたもう1つの理由もじつは簡単なものだった。武漢から遠く離れた香港でさえ、武漢滞在歴のある感染者が8人も発見されたからである。

これでは大本の武漢では、想像を絶する規模での感染が広がっていると思わないわけにはいかないではないか。

それなのに、政府から「人から人へ伝染することはない」と知らされた武漢市民たちは、この情報を信じ安心しきってしまっていた。この誤情報が、感染に拍車をかけたのである。

ちょうど旧正月の前だったこともあり、会食したりいろいろなイベントに参加したりした。まさに無防備の生活である。

しかも、武漢の大型集合住宅団地「百歩亭」では、4万もの世帯の人々が集まり、伝統行事「万家宴」まで開催した。それは、まさに、ウイルスに絶好の伝染の場を与えたのである。ちなみに「万家宴」とは、各自が一品ずつの料理を持ち寄り、数万人が参加するという大宴会のことである。

このような情報隠蔽体質は今に始まったことではないし、基本的に何も変わっていない。もっとも情報隠蔽がひどかったのは毛沢東時代である。

この時代は今のようにインターネットがなかった。だから、すべての宣伝機関、ラジオも新聞も共産党政権が握っていた。共産党政権は一方的に都合のいいウソを流し、真実を完全に隠すことができた。

私が中国の四川省で育った当時、海外の情報は完全に隠されていた。彼らが流した海外に関する情報は、今思えば笑ってしまうほど滑稽なものだったが、中国人民はそれを信じていた。もちろん私もその1人だった。

たとえば、日本やアメリカでは、99パーセントの人民が食うや食わずの生活をしていて、1パーセントの金持ちや悪人が贅沢に暮らしている、などという情報が真実として報道されていたのである。

毛沢東が、27年間もこうした情報を流し続けていれば、誰もが信じこんでしまい、洗脳状態になって当然だろう。情報の正しさを比較したり、間違っていることを教えてくれたりする情報がないからである。

毛沢東は、中国で実際に起こった事実も隠した。たとえば、1959年、大飢饉に襲われたことがある。そのとき、数千万人の人々が餓死した。しかし当時の新聞には、このことが一言も報道されていない。

これほど多くの人が餓死した事実を、隠せるはずがないという向きもあるかもしれない。しかし、私は、父親から父の友人の話を聞いたことがある。彼はこの飢饉で父親を亡くしたという。

彼は、故郷から戻ると、ショックもあってその話をみなに話した。すると彼は、たちまち刑務所に送られてしまったのである。真実をしゃべればこのように刑務所行きで、新聞は何も伝えてくれない。真実はもみ消されてしまうのである。

この隠蔽体質が、武漢の医師の拘留事件につながっているのである。

中国に「マスコミ」は存在しない

前の項で述べたように、中国で「マスコミ」と称されているものは「マスコミ」ではなく、共産党政権を賛美するための「宣伝機関」である。

こうした「マスコミ」とはとても呼べない「マスコミ」は、毛沢東から習近平までの七十数年間、ほとんど変わらず中国共産党を支えてきた。

鄧小平時代と江沢民、胡錦濤政権時代は、ある程度の情報公開は許されていた。もちろんそれも、政権の根幹に関わらないかぎりという制限はあったが、毛沢東時代ほどではなかったのである。

たとえば、2011年7月に起こった温州市鉄道衝突脱線事故である。

これは死者40人を出すという大事故だった。

原因は、事故現場から32キロほど南に行ったところで起きた落雷を受けて、動力を失ったことにあると言われている。現場近くのトンネルの手前で停車しているところへ、北方から走行して来た列車が追突した。

15両目、16両目が脱線し、追突した列車の先頭4両は、高さ20数メートルの高架下に落下し、そのうち、第4号車は垂直に宙づりになった。

調査の結果、制御システムに大きな欠陥があり、故障後の輸送指令の処理にミスがあったことがわかった。だから、立ち往生したにもかかわらず、後方では、進行信号が表示されていたのである。

胡錦濤政権における温家宝首相は、原因究明を図る必要性を強調したが、現地ではすでに事故車両の解体と埋め立てが進んでいた。そのために、事故の重要情報は失われてしまった。

しかしのちに、埋め立てを指示したのは上海鉄道局の職員であって、現場の幹部は埋め立てなどおかしいと制止したことが判明した。のちに当局が出した報告書も、それが妥当ではなかったと言明している。

報告書には、「情報開示が遅れ、対応が不適切だったこと」「従来の事故処理の仕方に沿って埋め立てようとした行為が社会的によくなかったこと」などの指摘がなされている。

また、温家宝首相は事故現場を視察後、事故原因の真相究明を約束し、最優先されるべきは安全であると述べている。

さらに、遺族約40人が抗議活動を行なったが、それが咎められることはなかった。

また、広東省の新聞『南方都市報』は、中国当局を非難する記事を掲載し、その翌年、中国共産党の広報部門が「新聞などのメディアが、脱線事故に関する報道をしてはならない」という命令を下したことも報道された。

このように、中国国内の新聞も記者も真実を追って、ある程度の自由度があった時代もあった。

しかし、習近平政権になって、完全に毛沢東時代に逆戻りする形で、毛沢東時代に負けないぐらいの情報隠蔽体質になっているのである。

知識人の口を塞ぎ、大衆を騙す

習近平の毛沢東への先祖がえりに関してさらに言えば、問題点はその情報隠蔽体質だけではない。

たとえば、毛沢東時代は、完璧な政治統制体制が全国で作りあげられていた。国民が完全にコントロールされていたのである。思想統制も情報統制も完璧だったのだ。

たしかにその時代の中国経済は全く貧弱であって国民の生活はかなり苦しかったが、銃とペンがあり、政治的権威を持った毛沢東というカリスマ的な指導者がいたことにより、共産党そのものの体制は安泰だった。

しかし、毛沢東が亡くなり鄧小平の時代になると、毛沢東時代のようなわけにはいかなくなった。自由に職業を選ぶことができずに、計画経済に組み込まれ給料は政府から支給される、そういう体制では立ち行かなくなることが予想された。国民に腹いっぱい食べさせないと、共産党政権はいつか潰れるという恐れが出始めたのである。つまり国民に、職業を選んだりお金を稼いだりという、ある程度の自由を与える必要性に迫られたのである。

そこで、自由経済、市場経済を導入する路線変更をして、民間企業の設立を図った。人々が政府の統制からはみ出して、自分たちの自由な領域を獲得するようになったのである。

自由になったことで中国経済はある程度発展することができた。共産党による支配が大きく緩み、人々はお金を儲けて海外旅行に出かけるなど、自分たちの生活を楽しむようになった。反政府的な行動をしなければ自由が許されたのである。

ところが、今や習近平はそれを許さないのである。

その理由ははっきりしている。彼の人格、原体験、そのすべてが毛沢東時代に作られたものなのだ。

つまり、胡錦濤（1942年生まれ）や江沢民（1926年生まれ）たちは、中国共産党政権（1949年成立）の誕生以前の生まれだが、習近平（1953年生まれ）は、中国共産党政権、毛沢東独裁時代に生まれているのである。

ずっと、そのなかで教育を受けていて、しかも、彼の父親は一度失脚しているが共産党の高級幹部だった。毛沢東時代の「下放（青少年の地方での徴農）」により中学校すら卒業していない彼の考え方は毛沢東時代そのものだ。

習近平がもっとも崇拝しているのは毛沢東であり、自分が政権を握ったら毛沢東時代に戻したいと思っていたにちがいない。

だから、自分の時代になって、それまでうまくいっていた経済がガタガタになっても問題視しない。毛沢東時代に戻ればすべてはうまくいくと考えているからである。

どうやって政権を守っていくかという習近平のロジックは、「経済がだめになっても毛沢東時代に戻ることで共産党政権は維持できる、それが唯一の方法である」ということなのだ。すでに述べたように、毛沢東時代は、経済は大変貧弱だったが政権自体は安定していたことを指しているのだろう。

鄧小平時代の基本的な考え方が「民が豊かになれば民は反抗しない」というものだったのに対して習近平の考え方は、「豊かにさせる必要はない、銃とペンがあれば十分だ」ということなのである。

もちろん、中国人と言ってもひとくくりにはできず、教育水準1つとっても高い人、低い人がいる。そういうなかで、習近平はなぜ自信満々なのか。それは、それぞれについての扱いを分けているからである。

一言で言えば、賢い人を黙らせ、賢くない人は騙すのだ。彼らも、自分たちの宣伝を中国人のすべてが信じているとは思っていない。

たとえば、1957年に毛沢東は突如、知識人たちに、「意見があれば思う存分言ってください。我々を批判してください。意見のある人はそのすべてを吐き出してください」と、いろいろな場面で呼びかけた。

その言葉を信じて、意見のある人はそのすべてを吐き出した。

ところが、それはすべて記録されて、ある日突然刑務所に送られた。その人数はなんと57万人に及んだのである。以来、知識人たちは意見を言わなくなった。毛沢東崇拝者の習近平は、これに倣って政権を維持してきたのである。

第3章

民主国家の常識が通用しない独裁国家

責任転嫁し合う中央政府と武漢市政府

習近平主席の方法を再認識するために、もう一度、鄧小平との比較を試みたい。もっとも大きな違いは、鄧小平時代に集団的主導体制が確立したことである。彼はなぜ、中央指導部の集団的指導体制を確立させたのか。それは、彼なりに毛沢東時代の個人独裁体制に疑問を持っていたからである。じつは、彼自身粛清されて、この独裁体制の被害者になっている。彼からすれば、誰か1人が長い間すべての権力を握ることの弊害がよくわかっていた。だから、集団的指導体制を選んだにちがいない。

ところが、習近平は、この集団的指導体制をすべて壊した。壊したからこそ、今回の武漢の事態になった。習近平が決めないかぎり、何も始まらない、つまり、習近平以外の人は判断力を失ってしまったのである。

たとえば、前述したように、武漢市長がテレビで「感染拡大の実情を上に報告した」と話したあと、習近平は「自分は1月7日に指示を出した」と言いつつその内容については語らなかった。もし、それが情報隠蔽の指示であれば、みな一斉にしたがっていたにちがいない。

そういう意味では、武漢の件は、共産党独裁体制の弊害であると同時に習近平がもたらした結果ともいえよう。

とはいえ、1月7日にされたとされる習近平の指示も、本当かウソかはさだかではない。その話が出たのが、2月に行なわれた政治会議の席でのことだったからである。

1月20日までの情報隠蔽に対する国民の批判が高まった。隠蔽されたからこそ多くの人が死に、全国に広がったからだ。だから、どうしてもっと早く情報公開しなかったのかという意見が多く寄せられた。

さすがの習近平も、こうした批判をかわすことはできない。さらに、彼にとってまずいことに、武漢市長は以前述べたような思い切った発言をした。そこで、無理をして、7日に指示を出したと言ったのではないだろうか。

しかし、この発言は、武漢市長に対する一種の泥仕合になった。下の人間に対して、「指示を出したのに従わなかったではないか、お前の責任だ」と自分を弁護することになったからである。

これが一般の会社であれば、とても通用する話ではない。会社の最高指導者である社長は、部下の失態の責任を取るものだ。

社長と部下が責任の擦り合いをすれば、その会社は終わりだろう。

しかし、習近平及び共産党は、それと逆に、自分の責任を下の人間に取らせようとしたのである。

結局、この発言はさらに大きな問題を引き起こした。

7日の段階で事態を把握しておきながら、なぜ20日まで何もしなかったのかという声に答えることができないからだ。

習近平はどのような指示を出したのか

武漢市長と責任の擦り合いをしたあげく、結局、習近平は墓穴を掘ったことになる。一連の経過を見ていた多くの人が、「7日に出したという指示は、情報を隠蔽せよというものだったのではないか」と思っただろうからである。

新型肺炎に限ってみても、共産党の隠蔽体質が明らかになっているからである。今ふり返ってみれば、感染が発見されたのは、12月の下旬でも中旬でもなく、上旬の8日に遡ることができる。

その段階で、中国政府が情報を公開し、武漢市民に注意を呼びかけ、外出不可の指示を出せば、武漢市はその指示に従ったはずだ。おそらく、マスクをつけての外出や不要の宴会禁止や、なるべく在宅するようになどの、市から出る指示に市民はしたがっただろう。

そうすれば、最初から感染拡大はなかったかもしれないし、あったとしても最小限で食い止めることができた。要するに、1月23日にやったことを、1か月前にやっておけば、大きな問題も起きなかった。

「人から人へ感染しない」という虚偽の情報も、私は、最初の段階で人から感染することがわかっていたと思っている。情報を間違えて発信したのではなく、わざとウソの情報を流したのである。

その理由はいろいろある。

- 中央政府全体の悪い情報は国民に知らせないという方針があること。
- 春節の前だから祝賀の雰囲気を壊したくないこと。
- 武漢市が湖北省の省庁所在地であること。

3点目に関しては、5月22日に開催された全国人民大会の事前準備として、1月から2月に全省の人民大会が開かれる。湖北省の人民大会は1月中旬に行なわれることになっていた。だから、人々を安心させなければならないのだ。

これらの理由が重なって、わざとウソの情報を流したのではないか。

こうした虚偽に次ぐ虚偽の行為が、1月7日に出したという習近平の指示は「情報を隠せ」というものだったのではないかという疑いを持たせるに十分の「情報」になっているのである。

武漢市長による衝撃の告白

そういう意味でも、私は、武漢市長は勇気ある発言をしたと思う。

ほとんどの共産党幹部は、公の場では上の責任は自分でかぶるのが普通だからである。上に責任があるとは絶対に言わない。そんなことを言えば、あとで粛清されるのがわかりきっているからだ。

武漢市長は、なぜああいう発言をしたのか。またできたのか。

それは、「この話をしなければ、自分が責任をかぶせられて葬り去られる。むしろ話したほうが救いはある」と考えたからではないか。

しかも、彼は、生放送というチャンスをつかんだ。今までよくあったケースのように、録画・録音放送だと、政府に都合の悪い箇所はカットされてしまう。しかし彼はこれが生放送だと知って、思い切った行動に出た。

そして、この造反は功を奏した。中央政府は彼に簡単には手を出せなくなったのだ。今、彼は安泰だ。そういう賭けには出たほうがいいことを、彼は自分の首をかけて示したのである。

習近平はこの7年間、個人独裁体制を進めてきた。毛沢東以上の皇帝のように、何でも自分で決めた。彼は、先見性があって決断力があり、中国人民を正しい方向に導くという指導者像を演じてきた。

共産党の宣伝機関はさらに彼のことを、中国人民だけではなく、世界を導く神様のような存在に祭りあげた。しかし、今回彼の虚像は崩れた。「権力」は維持できたとしても、「権威」が崩れてしまえばおしまいである。

武漢市長に罪を擦り付けようとして権威の半分が崩れ、1月7日の指示は何だったのかと責められ、答えられずにますますイメージは悪くなった。そして、対策本部のトップに李克強首相を就け、自分はならなかったことで権威はさらに崩れた。

しかも、首相に仕事を押し付けて武漢に行かせ、自分は行かなかった。一番肝心なとき、彼が視察という名前のパフォーマンスをしたのは、視察するものなどない北京市内だった。

これで、習近平が優れた指導者であるという神話は崩れたのである。

日本における「国」と「地方自治体」の関係とは真逆

繰り返すようだが、中国共産党体制には「ウソの情報流し」が蔓延している。それが、前にも話した中国の政治体制の問題点なのだ。

地方は自治体ではなく、各省のトップは中央政府から任命されている。

そして、その省のトップによって市のトップが任命される。民主主義国家のように選挙民によって選ばれたトップではないので、彼らには自治体の長という概念がない。権限はなく、すべては中央政府の指示にしたがって動いているだけなのだ。共産党を頂点とする中国の政治体制は次ページの図の通りである。

中国の政治制度

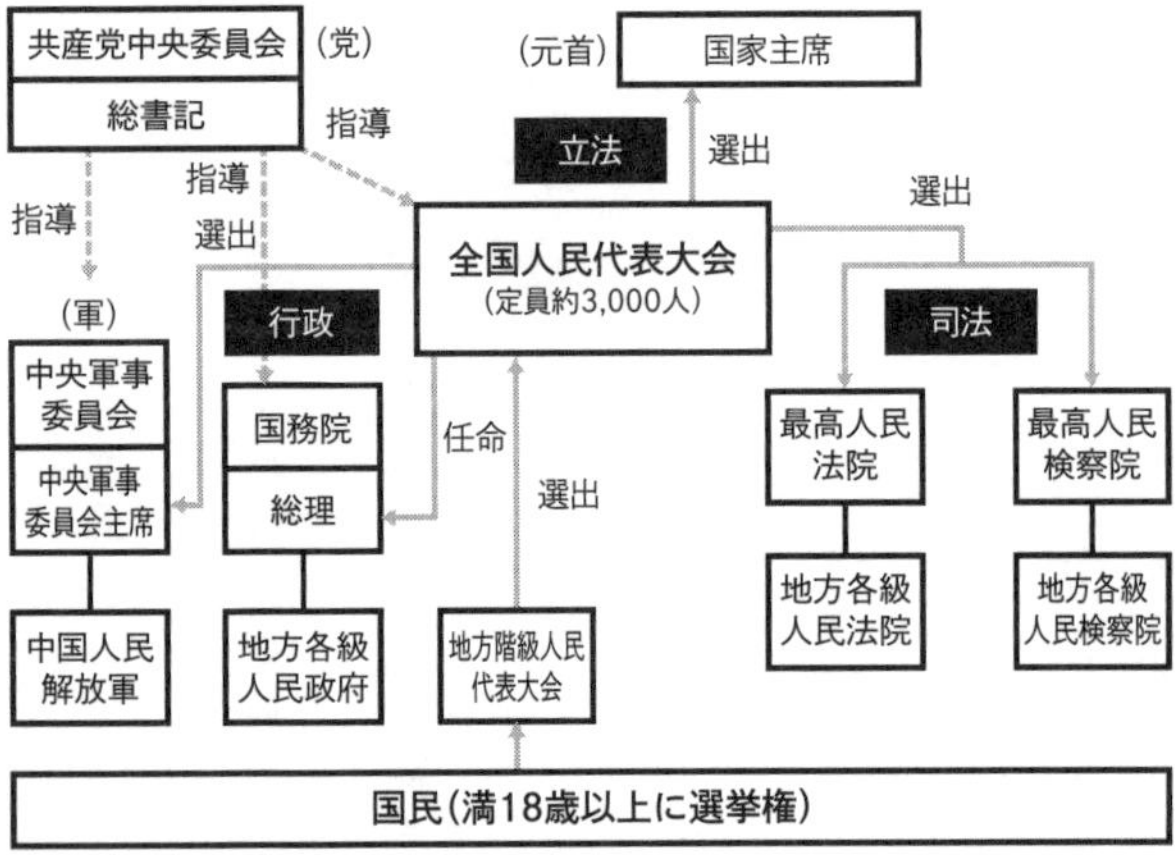

しかし、こうした仕組み自体に無理が出てきている現在、それが変わっていくかと言えば、それはできないだろう。

変わるということは、共産党の独裁体制が崩壊することだからである。習近平が失脚する可能性は大いにあるが、共産党政権そのものはゆるがない。

しかも、こうした中央政府による独裁体制は、共産党から始まったものではなく、じつは、中国伝統の皇帝独裁、とくに秦の始皇帝の独裁からの長い歴史がある。

紀元前221年に、中国大陸を統一した秦の始皇帝が全国で中央集権制の政治体制を作りあげ、自分の手足として地方のトップを任命する権利を持っていた。そしてその政治体制を支えたのは官僚である。

仮に、その伝統を引き継いでいる中国共産党体制が変化して、地方自治体のトップが選挙民から選ばれるようになったとしよう。そうすると、共産党選挙は北京のみで行なわれることになる。

今までの体制は空中分解することになるが、現実にはそれはありえない。

むしろ逆に、中国共産党政権は、今回のことを逆手にとって、独裁政権の権威の粉飾を強化すると思われる。

自分たちは独裁体制だからこそ、武漢を閉鎖することができた、全国の力を集中させて新型コロナウイルスの抑え込みに成功した、という宣伝工作をするにちがいない。

つまり、政治体制を変えるのではなく「虚偽情報」を背景に、今の政治体制をさらに強化するための理屈を述べるのである。

習近平個人は、今回の失態でたしかにピンチのときを迎えている。しかし、習近平が失脚しようとしまいと、中国共産党の体制に変化が起きることはないのである。

彼は2017年3月に開催された前回の全国人民大会で憲法を改正し、国家主席の任期制限を撤廃した。彼の目論見は、死ぬまで最高指導者としての地位を保つことだった。

しかし、それはおそらくできない。

国民の信頼をここまで失ってしまったら、挽回することは難しい。今後は、無理に無理を重ねることになる。ただちに崩壊することはないだろうが、神話が崩れてしまった今、政権は次第に弱体化していくものである。

彼にとっての最適の花道は、あと2年半体制を維持し、2022年秋に行なわれる党大会で体面を保って退陣することだ。しかし、もし彼が権力の座にしがみつこうとしたならば、共産党政権は生存本能を発揮して、習近平を引き摺《ず》り下ろそうとするのではないか。

そうしなければ、自分たちも道連れになってしまうからである。習近平の正体は天下の知るところになったから、誰も彼を庇《かば》いきれないのである。というよりは庇おうとはしないだろう。

思えば、武漢市長の行動は、自治体のない中国という社会の中で、上意下達の掟を破るという前代未聞のことだった。

自治体としての機能を持つ日本では当たり前のことが、中国では、最高権力者を打ち砕く強力な石になったのである。

急速に進む中国の右傾化

2012年11月15日に開催された第十八期全国人民代表大会において、習近平は党総書記と党中央軍事委員会主席に選出された。これで、胡錦濤・温家宝ら第4世代から第5世代へと、完全にバトンタッチされたことになる。

毛沢東に継ぐ第2世代から第4世代までの約30年、破竹の勢いで成長していった経済が、曲がり角にさしかかったときの習近平の就任だった。そうした舵取りのきわめて難しい踊り場にあたる時期に、国家運営を任されたのが習近平だったのである。

習近平体制の最大の特徴は、軍国主義ともいえる異様なほどの右傾化である。

毛沢東が主導した文化大革命時代同様の、締め付けの厳しさはまさに恐怖政治そのものと言えよう。

さらに、人民解放軍に対する影響力の行使、覇権主義的かつ拡張主義的な動きもまた、かつての毛沢東路線を彷彿とさせる。

鄧小平から「韜光養晦《とうこうようかい》（能ある鷹は爪を隠す）」の薫陶を受け、その精神を受け継いできた江沢民、胡錦濤とは180度違う政策に邁進する習近平は、一言で言えば、きわめて危険な人物なのである。

習近平は、最高指導者に就任してから時間が経つにつれ、その危険度にますます磨きがかかっている。

とはいえ、今回の新型肺炎騒動では、自ら墓穴を掘ってしまった習近平である。

武漢市長のように、党の掟破りをあえてしようという動きも出てきた。習近平の危うさの方向性を注視しながら、今後の中国の動きをしっかりと監視していきたいものである。

繰り返されるパワーゲーム

習近平は太子党のトップ

中国には、「太子党」と呼ばれる独特のグループが存在している。これは、一言で言えば、中国共産党幹部・元老の血筋を引く子弟たちの一団である。

元老たちは、中共建国に貢献した「革命第1世代」であり、その子弟たちで形成された「太子党」は大きな政治勢力を維持している。彼らは父親世代の影響力を背景に、政治の世界で順調な出世を果たし、革命の血統を受け継いだ自分たちこそが政権の正統なる継承者だと自負している。

また、ビジネスの世界においても、太子党に属していればなにかと優遇され、楽勝続きの人生を送ることができる。

日本人にはわからないだろうが、中国人のDNAには、「あの人は太子党だから負けても仕方がない」といった諦めのメンタリティが組み込まれてしまっている。

したがって、よほどのことがないかぎり、政治力を後ろ盾に手掛けるビジネスはうまくいき、富も地位も名誉も手に入れることができる。言うまでもなく、現在の習近平主席は太子党の領袖（トップ）である。


彼の父親の習仲勲は、1928年に創期の中国共産党に入党した古参幹部で、8大元老の一人だ。建国後には中央宣伝部長、国務院副総理、政治局委員、全人代副委員長を歴任した大物政治家だった。

習近平自身は、1979年に父親の習仲勲と同世代の古参幹部である耿飈《こうひょう》の秘書を務めるところから政界入りし、以来、厦門市副市長、福州市党書記、福建省長、上海市党書記と出世の階段を順調に上がって来た。

そして2007年秋に政治局常務委員に昇格してポスト胡錦濤の最有力候補になると、彼は太子党の次世代における領袖と目されるようになった。

共青団派と上海閥

一方、生まれながらにして恵まれた境遇にある太子党と、熾烈《しれつ》な権力闘争をしてきたグループがある。「中国共産主義青年団（共青団）派」だ。

幹部のほとんどは一般人や知識人家庭の出身である。彼らは頼るべき親の七光りも革命の血統も持っていなかった。

唯一頼りにしているのは、党幹部の予備軍を養成するための中国共産主義青年団という組織だった。彼らはこの組織のなかで頭角を現して政界入りの糸口をつかみ、個人的な努力で出世の階段を1つずつ上がってきた。

要は、家柄やコネなど関係のない有能な官僚の叩き上げ集団である。前国家主席の胡錦濤や現在の国務院総理（首相）の李克強がその代表である。

文化大革命のどさくさに紛れて、国内の名門大学にコネ入学した人たちの多い太子党とは違い、共青団派には、文革後再受験して難関を突破してきたエリートたちが揃っていた。

共青団派は、自分の能力だけを頼りにここまでやってきた自分たちにこそ政権を受け継ぐ資格があると自任し、太子党という特権階級のネットワークを崩さなければいつまでも自分たちにチャンスはめぐって来ないと考えていた。

言うまでもなく、中国共産党の共産主義は平等を掲げる共産主義ではない。その存在理由は、共産党一党独裁を維持していくことにある。

だから、太子党と共青団派は高邁な思想闘争をしているのではなく、共産党内の利権をめぐって争っているにすぎない。

このパワーゲームをさらに複雑なものにしているのは、江沢民を長とする「上海閥」だ。太子党、共青団派、上海閥の三派は、妥協と対立を繰り返しながら、パワーゲームを繰り広げてきたのである。

江沢民と太子党の密接な関係

習近平は、2007年政治局常務委員へ昇格したことで出世の糸口をつかんだ。

彼を推薦したのは、江沢民と江沢民率いる上海閥だった。

平民出身の江沢民が、太子党の習近平をサポートしたのは、江沢民が地方官僚時代から太子党と手を組んでいたからである。

上海市副党書記、上海市長、上海市党書記を歴任した江沢民の腹心が筋金入りの太子党・曽慶紅だったのである。江沢民の上海時代、曽慶紅は上海市党委員会秘書長、副書記の要職に就くなど、江沢民と緊密な関係が築かれていった。


1989年の天安門事件後、共産党総書記に任命された江沢民は、彼を北京へ連れて行った。そして、中央政界に人脈を持たない江沢民を助けたのは曽慶紅だった。

曽は太子党の人脈を使って長老たちの支持を固め、権謀術数を弄《ろう》して江沢民の政敵を倒し、その権力基盤の強化に貢献した。

曽慶紅の政治的地位も、とんとん拍子に上昇していった。党中央委員会弁公室副主任から政治局常務委員、さらに国家副主席へとのし上がった。同時に曽慶紅は太子党の領袖となった。


つまり、上海閥と太子党が利益を共有することで、江沢民政権は十数年続いたのである。だから、2002年、党則で江沢民が退いたとき、彼は自分の後任として曽慶紅を就けたかったはずだ。

しかし、カリスマ的指導者の鄧小平が生前、共青団出身の胡錦濤を「ポスト江沢民」に指名していたためにそれは叶わなかった。

権力を握った胡錦濤は、共青団時代の部下たちを次から次へと中央幹部に抜擢し、共青団派を母体とした一大派閥を作りあげたのである。

こうしてみると、中国共産党は、単なる勢力争いの場に過ぎないことがよくわかる。彼らの目に、たとえば貧困に苦しむ国民の姿が見えているのだろうか。

権謀術数が渦巻く政府人事

さて、前述のように、２０１２年11月15日に開催された第十八期全国人民代表大会において、習近平は党総書記と党中央軍事委員会主席に選出された。

しかし、じつは、党内人事で勝利を収めたのは、習近平を強く推した江沢民の「上海閥」だった。

要するに、習近平は、トップの座は射止めたものの、最高指導部を制覇したのは、習近平を支援した「上海閥」だったのである。

また、江沢民時代の「連立政権」と対立してきた共青団派は、このときも勢力を伸ばすことができず、政治局常務委員会入りを果たしたのは、現首相の李克強のみであった。

しかし、1人勝ちをした形になった上海閥も決して安泰とは言えなかった。共青団派はもちろん、習近平もまた、上海閥の勢力を警戒しているからである。

彼らがともにこのままでは、自分の時代は永遠に訪れないかもしれないと思うのも無理はない。ここで、上海閥と縁を切りたい習近平の目論見が何かは、私でなくてもわかるだろう。それは、出自の違いから対立してきた共青団派と手を組むことだ。

その目論見は順調に進み、上海閥という共通の敵を得た両者はあっさりと連携することになった。

共青団派の首領である胡錦濤前国家主席は、自らの引退に際し、総書記・国家主席・軍事委員会主席の全ポストを、一気に習近平に受け継がせた。まさに、両者の連携は成功したのである。

とはいえ、こうした連携に交換条件はつきもので、国家主席になった習近平は、お返しとして李克強首相をはじめ、共青団派の幹部たちを政府の要職に就任させる羽目になった。

結果として、共青団派は「政府人事」で巻き返しを図ることに成功したのである。政府人事で勝利を収めた共青団派はそれを足場にして、次なる天下取り戦略を描いているにちがいないと思えた。

習近平はなぜ、強軍路線を打ち出したのか

この時点で、共青団派の天下取り作戦は成功しつつあるように見えた。というのも、上海閥を率いてきた江沢民は当時すでに87歳、5年後の2017年、次の党大会まで健在でいる保証はなかった。

実際には2017年になっても江沢民は健在で、10月18日の第十九回全国人民代表大会では、胡錦濤とともに習近平の両脇に並んで団結をアピールした。

しかし、もし江沢民が力を失い、上海閥という共通の敵がいなくなった場合、習近平が次に排斥したくなるのは当然共青団派である。

前に述べたように、太子党を出自とする習近平とその仲間たちは独特の「オーナー意識」を持っている。太子党である彼らの父親の世代が開国の父だった毛沢東とともに戦い、現在の中華人民共和国を建国したからだ。

習近平を領袖とする太子党の面々は、「我々こそがこの国の正当なる継承者であり、政権を受け継ぐ当然の権利と使命があるのだ」と骨の髄から思い込んでいるのである。

習近平たちにすれば、上海閥にしても共青団派にしても、それらの人たちは単なる政権の「雇われ経営者」であり、天下のオーナーである自分たちにとっての「使用人」にすぎないのである。

一方、共青団派にしてみれば、目の前にぶら下がっている政権を太子党に返す気などさらさらない。彼らは逆に、自分たちこそが叩き上げの本物の国家経営者なのだという思いが強かったのである。

また、政治の中枢から一斉に消える運命にある上海閥の面々も、生き残りをかけて、次の党大会開催まで太子党と共青団派の熾烈な権力闘争の渦中に身を投じていくはずだった。

改めて当時の党内勢力図を描いてみよう。党を押さえているのは上海閥であり、政府内で足場を固めたのは共青団派である。

それに対して、習近平の率いる太子党は、党と政府にはそれほどの勢力を擁していなかった。太子党にとって権力闘争を最後まで勝ち抜くための砦は、結局、太子党の人脈が幅広く浸透している人民解放軍でしかなかった。

総書記に就任してからの習近平が、強軍路線を打ち出して、軍重視の姿勢を旗幟鮮明にしたことの背後には、このような事情が横たわっていたのである。

推し進められた権力の一極集中

以後の中国の政治体制のなかでは、習近平率いる太子党は解放軍を、上海閥は党の中枢を、そして共青団派は政府部門をそれぞれの拠点にして、次なる天下取りのための三つ巴の戦いを展開していく様相を示していた。

新たな「三国志」が始まった感のある中国で、とりあえずは習近平主席・李克強首相の二強体制が続くと思ったとしたら、それは甘いと言わざるをえない。

もともと中国の場合、首相というのは、党総書記・国家主席・軍事委員会主席という三位一体の最高権力者よりはずっと弱い存在である。

それに加え2014年になると、習近平のかなり露骨な権力集中作戦が始まった。

まずは、国家安全に関する党の政策決定と調整を行い、国内治安対策も掌握する「党中央国家安全委員会」を設置し、その主席に習近平が就任した。

この組織は、外交・安全保障・警察・情報部門を統合する巨大組織となり、そのトップを兼任する習近平には、権力が一挙に集中することになった。

さらに2017年には党規約に、「習近平による新時代の中国の特色ある社会主義思想」と明記させ、毛沢東・鄧小平以来の個人崇拝につながる「習近平思想」を印象付けた。

と同時に習近平が唱えてきた「一帯一路」、「中国の夢」、「人類運命共同体」、「四つの全面、四つの意識」や「強国」「強軍」といったキャッチフレーズも、党規約に盛り込まれることになった。

ついでその権力集中の極めつきは、前述したような自らの任期の延長である。

2018年3月の全人代で、国家主席と国家副主席の任期を2期10年とする制限を撤廃する憲法改正案を成立させ、まさに終身国家主席として、中国帝国に君臨する巨大独占権力の主になりつつあったのである。

そこに、まさに降ってわいたような新型肺炎問題である。わが世の春を謳歌するはずだった習近平政権に一気に暗雲が押し寄せた。

この一国にとどまらない地球規模での大問題に対して、感染源としての責任を問われる中国の指導部の動静は無視できないものがある。

日本としても、もちろん単なる勢力争い、対岸の火事と眺めているわけにもいくまい。軍拡に走り、一帯一路を進める中国のトップが、今後どういう方向へ国家を導こうとしているのか、それを見極める必要があるからである。

第4章
知られざる中国最高指導者の系譜

中国歴代指導者はどのような人物だったのか

中国歴代最高指導者は、次のように変遷している。

第1世代＝毛沢東　1949年～1976年
第2世代＝鄧小平　1978年～1989年
第3世代＝江沢民　1989年～2002年
第4世代＝胡錦濤　2002年～2012年
第5世代＝習近平　2012年～？

中華人民共和国を樹立した毛沢東の統治下では、大躍進政策の失敗や文化大革命により国内は荒廃し、未曾有の恐怖政治で国民は苦しめられてきた。

ちなみに大躍進政策とは、1958年、毛沢東が欧米の経済を短期間で追い抜こう

中国共産党の歴代指導者の地位と権威

※敬称略

	指導者	主な役職
1949年 中華人民共和国建国	毛沢東	党主席
1978年 第11期3中全会	鄧小平	中央軍事委員会主席
1989年 天安門事件	江沢民	総書記
2002年 第16回党大会	胡錦濤	総書記
2012年 第18回党大会	習近平	総書記

として始めた農工業の増産計画だが、そのあまりにも非科学的な計画の強行で中国全土が大混乱に陥り、3年後の1961年には、かえって生産量は落ちて数千万人の餓死者が出るという惨憺《さんたん》たる失敗に終わった。

この結果には、さすがに毛沢東も生涯にただ一度と言われる自己批判を行い、国家主席を辞任したが、それもつかの間、数年後の1966年には復権のための運動を起こした。それが文化大革命である。

「封建的な文化や資本主義文化を批判し、新たに社会主義文化を創る」として、紅衛兵と呼ばれた学生や大衆を扇動し、政敵を失脚させようとした。言ってみれば共産党内部の権力闘争だったのである。

しかしこの運動は、海外における反戦運動などと巧みに結び付けたために、著書の『毛主席語録』は国内外で大ベストセラーとなり、各国に大きな影響を与えることになった。

その一方で、誇大な中華思想を抱く毛沢東は、国内経済が極度に疲弊しているにもかかわらず、海外に共産革命を押し付ける目的から過分な支援を行い、中国を世界有数の貧困国へと導いた。

また、毛沢東時代の中国は覇権主義政策が進められ、侵略戦争で国を大きくしようとした時代だった。チベットやウイグル人の地域を占領したり、朝鮮半島に出兵したり、インドとの国境争いをしたりしていた。

「ポスト毛沢東」の熾烈な権力闘争

1976年、その圧倒的カリスマながら失敗も多かった毛沢東が死ぬと、その後の凄まじい権力闘争を勝ち抜いた鄧小平は、中国の経済立て直しを第一に考えた。侵略戦争よりも先にやらなければいけないことは、中国経済の立て直しであると考えたのである。経済力がなければ国力もない。国力がなければ拡張戦略も思うままにならない。武器を手に入れることもできないからである。

経済を発展させるためにはどうしたらいいのか。それはどこの国も同じであって、技術と資金と能力が必要である。当時の中国には労働力はいくらでもあったが、資金と技術がなかった。

そこで鄧小平は、アメリカや日本などの先進国から資金や技術を取り入れることを考えた。毎日、戦争をしていたのではそれができないというので、言い出したのが、「韜光養晦《とうこうようかい》」戦略である。

これは、「才能を隠し、力を蓄える」という意味で、彼は、国際社会で突出して目立つことを避け、じっと我慢を続けながら、経済成長に邁進したのである。外資導入を大前提とする改革開放政策に邁進し、中華思想的な振る舞いは影を潜めた。

こうして、鄧小平は中国共産党の一党独裁体制をより強固なものにしながらも、片方では市場経済主義を大胆に推進し、国を豊かにしていくという離れ業をやってのけた。

1989年に起きた天安門事件では世界中を敵に回してしまった鄧小平だが、彼は良くも悪くも中共中興の祖であった。

1997年に鄧小平が死んだあと、その後を受け継いだ江沢民、さらに2002年からバトンを受けた胡錦濤は、前に2人続いたカリスマと違ってサラリーマン的な性格の最高指導者である。

お世辞にも有能とは言えなかったが、基本的には鄧小平路線を堅持した。

その路線の成功で、江沢民、胡錦濤の時代の中国経済は凄まじい成長を続けた。官僚の腐敗をはじめとして多くの致命的な問題を抱えながらも、鄧小平以来の約30年で、曲がりなりにも中国を世界の経済大国に押しあげたのである。

しかし、その戦略が大きな成功を収めてくると風向きが変わってきた。

結果的に、2008年の北京オリンピックを開催できるほどの力を身につけ、世界第2の経済大国になったとき、今までのように我慢する必要がなくなった。魚を釣るための餌だった「韜光養晦」は、もはや必要がなくなったのである。その結果として、2012年からの習近平政権は、「韜光養晦」戦略を捨てた。

毛沢東の登場で作られた覇権主義の舞台、そして鄧小平が作った経済大国という2つの舞台の波乱万丈を見てきた習近平は、より高い段階での毛沢東継承者になろうとしている。

そういう意味でも、今回の新型肺炎騒ぎは、習近平の野心に大きな影を落としているのである。

脈々と受け継がれてきた権力基盤

習近平が、鄧小平路線の基本である「韜光養晦」を捨てたことで、彼は毛沢東を崇敬するあまり、鄧小平路線を無視しようとしたかに思われるかもしれない。

しかし、鄧小平に「韜光養晦」をずっと続けるつもりがあったかと言えば、それはウソになる。彼はこの言葉で国民に経済発展という餌をまいたが、じつは、覇権主義への野望は歴代国家主席の誰もが持ち続けていた。彼の言う「韜光養晦」とは、「野心をかくして我慢する」と言う意味だったのである。


つまり、鄧小平の長期的目的も、いつかその日はきっとやってくる、そのときに隠し続けた角を出すことにしようではないかというところにあったのである。

自分の時代ではできないから、それまでは野心を隠蔽して、今は力を蓄えるべきときなのだと考えたのであろう。

要するに、中国歴代の指導者の中に、いわゆる「真実を包み隠さず伝える誠実な人物」はいないということだ。

だから、鄧小平の立場は複雑で、もし健在であれば、習近平が伝統的な覇権路線戦略を継承したことは正しいが、毛沢東時代へ逆戻りしていることに対しては大いにけしからんという気持ちになったのではないか。

鄧小平にとっては、自分が築いてきた集団的指導体制が無視されている。

習近平は、この体制を完璧に壊してしまった。今回の新型コロナウイルス騒動にしても、以前述べたように、習近平の指示がなければ誰も動けないというのは、習近平の個人独裁がもたらした結果なのである。

日本に友好的な時代はなかった？

日本と中国との、あらゆる分野における関係は古代に遡る。大陸の文化に憧れた日本人は、それを学ぶために、遣隋使、遣唐使などという呼称のもとに、日本海の荒海を命がけで渡っていったのである。

しかし、江戸時代を過ぎて明治維新から昭和の戦後にかけて、驚異的な発展を遂げた日本に、中国は大きく水をあけられることになった。彼らの中華思想が打ち砕かれたのである。おそらく、日本への敵視もそこから始まったのであろう。

習近平はまさに、その中華思想を打ち砕いた日本への敵視が体に染みついている。新型肺炎に対する対応のまずさが世界に向けて露呈した習近平だが、最高指導者になってからの彼が、日ごとに日本への危険度を増していったのは事実である。今も、新型肺炎の失点を取り返す生き残り作戦を模索していることであろう。

最近でこそ、中国が置かれたさまざまな不都合な事情で、日本との友好を演出しはじめているが、日本と真の友好関係を結ぶ気持ちはなさそうだ。就任当時から、彼が日本に対して何をしたのかを考えればそれは明らかである。

たとえば、就任直後の2012年12月、日中間で未曾有の緊急事態が生じた。尖閣諸島の魚釣島付近で、中国国家海洋局所属のプロペラ機1機が領空侵犯したのである。中国機による日本の領空侵犯は、自衛隊が統計を取り始めた1958年以来初めてのことだった。

当時、尖閣諸島やその付近の海域で日本側がいかなる単独行動もとっていないにもかかわらず、中国側は一方的な挑発行為を執拗に繰り返してきた。

そのなかで習政権はついに、日本領空への初めての侵犯に踏み切ったのだ。

習近平による軍の初視察が大きく報じられたその翌日に、中国機が日本の領空侵犯に踏み切ったことは、決してどこかの部門の単独行動や暴走の類のものではないことが透けて見えてくる。

おそらく習近平指導部の指揮下で行なわれた意図的な対日行為であり、その背景にあるのはまさに、タカ派の習政権の掲げた帝国主義的政治路線と日本敵視政策そのものなのである。

さらに、多数の中国軍機による日本の防空識別圏への侵入事件も起きた。中国の戦闘機数機が日本の領空の外側に設けられた防空識別圏に侵入してきたのである。これは明らかに軍事的威嚇行為だ。

しかも、非軍用機ではなく、中国空軍が出動している。日本に対する習近平政権の敵視姿勢と軍事的圧力がよりいっそうエスカレートしているシグナルと思っていいだろう。

そしてその翌日には、中国人民解放軍の機関紙『解放軍報』は一面を割いて、人民解放軍を指揮する総参謀部が全軍に対し、2013年の任務として「戦争の準備をせよ」という指示を出していたという記事を掲載した。

これら一連の動きからわかることは、習近平政権が完全にタカ派の軍国主義政権となっていることである。

また、中国中央テレビなどの官製メディアは、連日のように日本との戦争を想定した特集番組を放送して軍事的緊張感を煽っている。

そして、一部の現役の軍人たちも、「対日開戦」を口にしては戦意高揚に努めていた。まさに対日開戦が今にも起こりそうな雰囲気である。

こうした不穏な空気が漂う中、中国海軍によるレーダー照射事件が引き起こされた。２０１３年1月30日、中国海軍の艦艇が、海上自衛隊の護衛艦に対して射撃管制用のレーダーを照射したのである。

この衝撃的な出来事が日本政府の発表によって知られて以来、中国に対する疑心暗鬼にとらわれた日本では、「これが中国指導部の指示によるものか、それとも軍による単独行動なのか」についての議論が盛んに行なわれたのである。

私が見るところ、これは決してシビリアンコントロールを無視した解放軍が単独で行なったものではなく、むしろ起こるべくして起こった必然的な出来事である。

軍の総参謀部も、「開戦論」の現役軍人たちも、レーダー照射を行なった現場の中国軍艦艇もすべて、習近平総書記を頂点とする党中央軍事委員会の指揮下で行動していると見ていい。暴走しているのは解放軍ではなく、まさに習近平その人なのである。

従来の路線から大転換した外交姿勢

「防空識別圏」の設定

鄧小平時代から受け継がれてきた「韜光養晦」路線とは、言葉を変えるならば、国際社会のルールに同調し、外交で自分勝手な振る舞いを慎む路線であり、つまり中華主義的な精神を外に向けて発信するのを自重するものだった。

もちろん、すでに述べたように、鄧小平にとって、この路線は一時的なものという認識はあった。だから、習近平政権がそれを無視し続け、いわば「脱・韜光養晦」路線を歩むことは必然だったと言えよう。

就任当時の2012年における習近平政権の「脱・韜光養晦」路線の、きわめつきがあの「防空識別圏」の設定だった。

中国政府は突然、東シナ海上空における防空識別圏の設定を発表したのである。2013年11月23日、中国は、防空識別圏の設定発表と同時にその施行を宣言した。遡ってみれば、同月2日の『環球時報』には、それを匂わせる記事が掲載されていた。解放軍将校・賀芳の論文で、尖閣諸島周辺における日本側の挑発的行為の抑止を理由にして、防空圏の設定を提言したものだった。

その3週間後に実際に防空識別圏の設定が発表されたのだから、軍が主導的な役割を果たしていたにちがいない。おそらく一部の軍人たちが「そうすれば日本を窮地に追い込むことができる」と進言したのではないか。

領土問題でいっさい譲歩しない安倍政権に業を煮やした習近平国家主席がそれを聞き入れて実行を命じたのであろう。

しかし、中国は日本を窮地に追い込むどころか、東アジアの国際秩序に神経を尖らすアメリカの反発を招いてしまった。

3日後、アメリカは中国空軍の識別能力を見下したかのように、大型爆撃機2機を中国が設定した防空識別圏内に飛行させた。おそらく米軍と連携したのだろう、日本の自衛隊機も防空圏の中に深く進入したと発表された。

こうした侵入に対し、中国空軍は警告や緊急発進などのしかるべき措置を一切取ることなく、米軍機と自衛隊機の動きを、ただ指をくわえて見守っただけであった。

この事実は、中国の防空圏の設定がまったくの「絵に描いた餅」であることを世界に知らしめることになった。要は、中国政府と解放軍は、世界中が注目するなかで前代未聞の大失態を演じてしまったのだ。

その3日後、中国はようやく、国営メディアを通じて「緊急発進した」と発表したが、日本はそれを完全に否定した。中国側は、発進しなかったことに対する国内の批判が高まるなかで、最低限の体面を保つために、お家芸であるウソの発表をしたのではないか。

防空識別圏の設定は当初、日本のみに照準を当てていたと思われる。中国政府はこれはあくまでも対日問題だと強調して、アメリカを関係のない第三者の立場に封じ込めようとしたフシがあったからだ。

防空識別圏の設定に日米両国が反対の声をあげたのに対し、中国国防省の楊宇軍報道官は、「アメリカがこの問題で不当な言動を控え、日本の冒険的性質を助長する誤ったシグナルを送らないよう望む」と発言した。ここに、彼らの思惑が端的に示されているではないか。

しかし、中国の思惑がどこにあったにせよ、アメリカ政府はむしろ、自分たちこそ当事者だと認識していた。その後の安倍晋三首相とバイデン米副大統領との会談からもそれがわかる。

なぜならば、中国の防空識別圏には、戦闘機訓練のために日本政府が在日米軍に提供している沖縄北部訓練区域の一部が含まれているからだ。

日米同盟を基軸にアジアにおける中国の覇権樹立を阻止しようとする長期戦略を考えれば、アメリカはこの地域における中国の勝手な冒険を許すわけにはいかない。

中国はまさに、アメリカの断固とした意志と覚悟を完全に読み違え大きな失敗を犯したことになる。

そして、この前代未聞の大失敗と失態は、中国政府と習近平指導部に計り知れない大きなダメージを与えたはずである。

「韜光養晦」路線を逸脱したこの一件で、中国の国際的威信は失墜した。太平洋をアメリカと中国で二分しようという、アメリカへの提案も水の泡になったのである。

とはいえ、中国は、東南アジアやアフリカ、果ては南アメリカにも、経済援助の美名のもとで進出を図り野望を隠さない。

一帯一路政策も着々と進められている。一連の新型肺炎の蔓延により先はどうなるかわからないが、EUに所属するイタリアもその政策に乗っているのである。

また、中国にとって目障りである日米同盟はおそらく盤石と思えるが、米韓同盟は、左傾化した文在寅大統領の動向不明により少々危うくなっていることも心配のタネではある。

猪突猛進の強硬政策

習近平政権の強硬一辺倒の路線は、このように国内政策だけにとどまらず、外交面においても猪突猛進型の強硬さを最大の特徴としている。

対象を日本に限って言えば、その典型例は、「尖閣問題」である。

日本政府が尖閣諸島の国有化に踏み切ったのは、2012年9月のことだったが、同年11月の習政権発足以来、中国側の一方的な挑発がエスカレートしてきていることは周知の通りだ。

中国公船による日本の領海侵犯はほぼ日常化してしまい、有人・無人機の領空侵犯も幾度かあった。中国海軍が日本の海自艦船に対し、レーダー照射の実施という危険極まりない挑発行為に及んだことはすでに触れた。

そして2013年の年末に、安倍晋三首相が、現職首相としては7年ぶりに靖国神社に参拝すると、中国は安倍首相のことを「安倍」と呼び捨てにして全面対決の姿勢を鮮明にした。

こうした強面外交の矛先は、南シナ海周辺の東南アジア諸国にも向いている。中国は、南シナ海における各国の漁業活動への恣意的な規制を一方的に発表したり、ベトナムの漁船を破壊したりして傍若無人さを増している。

それに対し、フィリピンやベトナムなどの関係国が猛反発して中国との対立姿勢を強めたが、当時のフィリピンのアキノ大統領に至っては、今の中国を第二次世界大戦前のヒトラー政権になぞらえて批判した。

深まる米中対立

こうしたなかで、米中関係も溝が深まった。

習主席が訪米して当時のオバマ大統領との長時間会談に臨んだとき、米中は歩み寄って「大国関係」の構築を模索した痕跡もあったが、中国が前述の防空識別圏の設定を発表すると、アメリカの習政権に対する不信感が一気に高まった。

しかし、習政権はそれでも挑発をやめようとはしなかった。

中国海軍が、米国海軍のイージス艦の航海を妨害するような、際どい行動に出たかと思えば、中国政府は米ニューヨーク・タイムズの記者に対して、事実上の国外追放に踏み切ったこともあった。

とにかく何でもかんでもアメリカに噛みつこうとする、かつての紅衛兵の振る舞いを彷彿とさせるような、乱暴にして無謀な外交姿勢である。

当時のアメリカ大統領はオバマだったが、さすがに堪忍袋の緒が切れた。

米国務省は中国の防空識別圏拡大に関し、「緊張を高める挑発的で一方的な行為とみなす」と改めて警告した。

ケリー国務長官も訪米した岸田文雄外相（当時）との会談において、中国の防空識別圏設定に対し「受け入れられない」との方針を確認する一方、「地域の平和と安定のために日米韓連携は重要だ」とも強調した。

地域の平和と安定のための日米韓連携とは、北朝鮮と中国の両国を意識した発言であることは明らかだった。オバマ政権がすでに、中国の存在を地域の平和と安定を脅かす要素だと認定していたことがわかる。

胡錦濤政権時代、中国は鄧小平遺訓の「韜光養晦」戦略の下で、「平和的台頭」を唱えて、柔軟かつ老獪《ろうかい》に実利中心の外交を進めていた。

しかし、習近平政権は、第2の経済大国としての豊かな経済力を背景に、平和的に台頭することをやめた。そして、中国外交の持ち味の老獪さと柔軟さも影を潜めた。

その代わりに、なりふり構わず後先考えずの、紅衛兵式強硬一辺倒の「戦闘外交」が目立つようになった。

それが中国自身にとって幸か不幸かもさることながら、日本としては、このような中国の外交路線の暴走に巻き込まれてはならない。

トランプ大統領と中国

そして、アメリカ大統領が、大方の予想をくつがえしてトランプに代わってからも、トランプ側の攻勢もあって、中国のアメリカへの「戦闘外交」に変化は見られていない。

2017年、アメリカ大統領の座についたトランプは、選挙中に標榜した通り「アメリカ第一主義」を掲げ、各国との貿易赤字を問題視した。

中国に対しても、次々と関税を引き上げていった。中国もまた、対抗手段として相次いで関税を引き上げ、米中の貿易戦争は激しくなっていった。

そして、2018年10月、当時のマイク・ペンス副大統領は講演で中国を激しく非難した。それは、

「アメリカは、中国の政治や経済の自由が拡大することを期待して、アメリカ経済に参入することを許可したにもかかわらず、不適切な貿易方法により、通貨を操作していること」

「技術を強制移転させ、知的財産を盗み、自由で公正な貿易とは相容れない行動をとっていること」

「中国政府は、人工知能などアメリカの知的財産や軍事技術を取得するように指示をしたこと」

「南シナ海などで軍事力を行使していること」

「監視社会を構築し、国民の自由と人権を奪っていること」

「キリスト教やイスラム教、その他の宗教を弾圧していること」

「相手国の財政困難な状況に付けこんで相手国を借金づけにして、借金を返せなく

なった国から港などを取り上げようとしていること」

などなどを批判したものだった。

その後、トランプ大統領と習近平主席が電話会談を行なったり、高官同士の話し合いもあったりしたが、たいした進展はなかった。そのことは、2018年11月に開催されたアジア太平洋経済協力会議における双方の舌戦でも窺われるのだ。

習近平主席は、「保護主義と単独主義が世界経済に影を落としている」と述べてアメリカをけん制し、マイク・ペンス副大統領は、「中国が不公正な貿易慣行を是正するまで関税を続ける」という方針を表明したのである。

この会議では、アメリカが、中国の人権問題などまで取りあげたために、米中の対立が激しく、会議史上初めて首脳宣言ができなくなった。中国は首脳宣言ができなかったのは、アメリカが友好的な雰囲気を破壊したからであり、保護主義を押し付けようとしたこともやり玉に挙げてアメリカを非難した。

結局、遅れて発表された議長声明では、首脳宣言の通例になっている「保護主義と貿易を歪める手段と闘う」という記述は削除されてしまったのである。

こうした米中の対立は、その後も変わらずますます深みにはまっていったが、皮肉なことに、新型肺炎の流行により、やや変化が見えているようだ。

その流行に対して、中国が、マスクや保護服などを関税引き上げ処置から除外すると発表したのである。アメリカもまた、支援物資を贈り資金援助もすると発表した。

とはいえ、新型肺炎は、今や世界中に広がり、アメリカの患者数は中国より大幅に増えてしまった。

中国は、アメリカ軍が持ち込んだとか、中国から発生したものではないなどと、自己弁護に必死の状況の中、米中の闘いは予断を許さない状況になっているのである。

民族復興の手段としての強国強兵

習近平政権が誕生して以来、その新政権としての根本的な方針がどこにあったのか、国内的あるいは対外的にどのような動きをとってきたのかを振り返ってみよう。

2012年11月15日、新総書記に就任した習近平はお披露目会見の席上、「中華民族の偉大なる復興という〃中国の夢〃の実現」というフレーズを繰り返し口にした。

また、11月29日に6人の政治局常務委員らをともない北京市の国家博物館を訪問、中国近現代史の展覧会を参観した習近平は、

「アヘン戦争から百七十年余りの奮闘は、中華民族の偉大な復興への明るい未来を示している」

などと国民に語りかけた。

その約10分という短い演説のなかで、中華民族の偉大な復興や中国の夢という言葉を合わせて20回近く連呼した。

それ以来現在に至るまで、中華民族の偉大な復興や中国の夢などは、完全に習国家主席自身及び政権の最大のスローガンとなり、キャッチフレーズとなってしまった感がある。

この一点から見てみても、習近平政権は明らかにナショナリズムを全面的に打ち出

し、政策理念の中核としていることがよくわかる。

私自身は中国の夢、チャイニーズ・ドリームという言葉に非常に違和感をおぼえる。これはいわゆるアメリカン・ドリームとは対極をなすものに他ならないからである。


アメリカン・ドリームは、あくまで個人がつかむものであるのに対し、習近平の唱えるチャイニーズ・ドリームとは、「中華民族の天下を目指せ」という偏狭な民族主義を大上段から振りかざしたものだ。

ドリームの意味合いがまったく逆方向を向いているのである。


たとえば、習近平政権誕生直後の2012年12月、習近平は注目すべき動きを見せた。中央軍事委員会主席でもある彼は、12月8日と10日の2日にわたって広東省にある広州戦区所属の陸軍部隊と海軍艦隊を視察した。

視察中の彼は陸海両軍に対して、「軍事闘争の準備を進めよう」と指示し、「中華民族復興の夢はすなわち強国の夢であり、すなわち強軍の夢である」と激励した。

つまり、彼自身が旗印にしている「民族復興」というスローガンの真意はすなわち

「強国強兵」であることを吐露したのだ。

これにより、習近平の政策理念とその目指す方向性は、火を見るより明らかであろう。要するに習政権は今後、かつてはアジアに君臨した中華帝国の復権を意味する「民族の復興」という旗印を掲げて、それを達成するための手段として「強国強兵」を進めていこうとしているのだ。

中国における「ウルトラ・ナショナリズムの色彩の強い超タカ派」、これが習近平政権の紛れもない正体であると断言しておこう。

習近平は毛沢東の再来なのか

決して報じられないウイグル人への弾圧

現在の習近平政権においては、毛沢東時代の文化大革命並みに締め付けが厳しい恐怖政治が敷かれている。

汚職の摘発という名を借りての政府高官の更迭もさることながら、2014年の春節を迎える直前の1月24日、世界はまさに毛沢東の再来を思わせる恐ろしい粛清事件を知ることになった。

中国の新疆《しんきょう》ウイグル自治区トクス県で、残忍な射殺事件が起きたのである。

政府当局は、

「爆発事件の捜査をしていた公安警察が爆発物を投げつけられ、警官1人が軽傷を負った。それに対し、警官隊は6人の暴徒を射殺し、さらに6人のウイグル人を拘束した。そして警官らに追いつめられて、別の6人のウイグル人が自爆して死亡した」

と発表した。

要するに、警官1人が軽傷を負ったという程度の爆発事件で、12人のウイグル人が命を失ったという話である。どう考えても、圧倒的な武力を持った警察当局が、無力なウイグル人を虐殺したとしか思えない。

普通の国家であれば、どんな言い訳も通らない。もし日本だったら、相手に発砲してかすり傷を負わせただけでも非難されるだろう。

それが中国では、無法としか言いようのない道理が通ってしまう。

その背景には、1月初めになされた習近平による講話があった。

1月23日付の香港紙『明報』は、その講話の内容を次のように報じている。

「習主席は、これまで自治区トップが推進してきた『柔性治疆＝柔軟に新疆を統治する』という政治路線から『鉄腕治疆＝強硬路線』への転換を指示した」

それが事実なら、前述の虐殺事件は、まさに習主席の指示どおりにしたために起こったことになる。


しかも、世界中の非難を浴びたにもかかわらず、ウイグル人への虐待は今に至るまでやむことなく続いている。

たとえば、多数のウイグル人たちが、強制収容所に押し込まれて、ウイグル語の使用を許されず、中国標準語の使用を強要され、中国共産党の思想教育を受けさせられているのだ。これは、その収容所の悲惨な環境を含めて、日本の新聞にも報道された。目にした人も多いと思う。

何でも、収容所は厳しい管理体制が敷かれ脱走は不可能、違反行為には懲罰が用意されていると言うのである。

しかし、中国は当然これを認めない。

「中国の施策は新疆ウイグル自治区の人々を守るためであり、同自治区では過去3年間、テロ攻撃は1件も起きていない」と主張し、「現在、社会的に安定し、民族集団もまとまっている。人々は安全な生活に満足し、生活を楽しんでいる」と言明しているのである。

国内の反対勢力を次々と制圧

じつは、少数民族への対応だけではなく、国内のあらゆる反対勢力に対して、習政権は容赦のない厳しい弾圧を加えてきた。

たとえば2013年11月、人権問題で活動してきた新公民運動家の許志永が、公共秩序騒乱罪で懲役4年の実刑判決を受けた。

彼は就任直後の習近平に公開書簡を送ったり、教育の公平を訴えるビラを配ったりしたが、公共の秩序騒乱を問われる政府転覆などの意思はまったくなく、単に公民としての権利を求めただけである。

穏健派と言われる許志永までが、過去こうした弾圧の対象となったことは、習政権が行なった弾圧の峻烈《しゅんれつ》さを物語っている。まさに就任以来、毛沢東の「文革」を彷彿させる粛清運動が展開されてきたのである。

先の胡錦濤政権時代には、「協調社会の建設」のスローガンの下で、反対勢力を取り締まる際には、対立の拡大を避けて弾圧を必要最小限にとどめる「バランス感覚」が一応あったように思う。

しかし、習政権の基本的姿勢は、協調よりも対決にあるかのようだ。無鉄砲な強硬一辺倒路線がまかり通ってきたのである。

とはいえ、この強硬路線は、かえって共産党政権自身の首を絞めることになるのではないか。ウイグル人への残忍な対応は、世界の知るところになったし、彼らの政府当局に対する憎しみを増幅させるだけだからである。

民間の人権運動などへのむやみな弾圧は結局、心ある知識人全員を敵に回すことになるだろう。

前出の許志永も、服役後、当局が求めたであろう反省などせず、刑務所暮らしにもめげず、人権運動を続けている。

2019年12月に、福建省で開催された人権集会に参加後身を隠していたが、新型肺炎問題などに対する習近平の危機管理手腕を批判し、退陣を求めた。

その結果、また2月15日に警察に拘束された。集会に参加した人も4人ほど拘束されたらしい。つまり、習近平がどれほど押さえつけようとも、心ある人権運動家の口を塞ぐことはできないのである。

しかし、心配がないこともないのは、北京にいた許志永の交際相手の女性と連絡が取れなくなった、というアメリカの人権団体の発表である。

自分だけならばともかく、家族にも危険が及ぶことになったらと、それを考える許志永の気持ちが忍ばれて、私もざわつく心を抑えきれないのである。

このように心配のタネはつきないが、習主席の強硬一辺倒路線はむしろ、反対勢力のよりいっそうの拡大と、政権と民衆との対立の先鋭化をもたらす結果となるだろう。そして、その行き着くところは「革命」の発生である。

歴史的に見ても、政権末期になると、権力者が余裕を失い、むやみな強硬路線に傾倒していくことがよくある。一方では、権力者の強硬一辺倒路線が、逆に反乱と革命の機運を作り出し、政権の崩壊を早めるのも歴史の常である。

猪突猛進中の習主席は、すでにこのような出口のない袋小路に突入しているように見える。

もっとも、国内の混乱や反乱を抑えるために中国政府がやる常套手段「国民の目をそらせるための反日」は、2020年6月現在では影を潜めているようだ。アメリカとの関係に危機感が漂っているからである。

しかし、日本としては、あくまで警戒を怠らず、このやっかいな隣国との付き合い方を考えていくべきだろう。中国がいつ牙を向けてくるか、予断は許されないからである。

そういう意味でも、世界中が中国に非難の目を向けている今、習近平を国賓として招くことには疑問を呈したいのである。

「遍歴の騎士」の虚構

スペインの作家、ミゲル・デ・セルバンテスが書いた小説に『ドン・キホーテ』がある。これは、騎士道の物語を読みすぎて現実と物語の区別がつかなくなった郷士の話である。

彼は、自分のことを「遍歴の騎士」と思い込み、「ドン・キホーテ・デ・ラ・マンチャ」と名乗って冒険の旅に出かける。日本では、彼を主役にしたミュージカルで、松本幸四郎（現白鸚）主演の『ラ・マンチャの男』がたびたび上演されているから、ご存じの方も多いと思う。

この物語の中でもっとも有名な場面は、自分を騎士と思い込んでいる主人公が、風車を巨人と思って突撃するシーンである。滑稽で悲哀にも見える名場面だ。

これまで述べてきた習近平の行いを見ていると、彼のやっていることはことごとくドン・キホーテと風車との闘いに似ているように思えてくる。

たとえば、習近平が２０１２年11月の総書記就任以来、全力を挙げて闘いを挑んだ相手の１つは、共産党と政府内部にすみ着いた汚職などの腐敗だった。

腐敗を根絶しなければ国が滅ぶという切実な危機感の下、習主席は「ハエもトラも一掃する！」との大号令をかけた。

しかし、汚職幹部の筆頭だった上海閥の劉志軍元鉄道相に、2年の執行猶予つきの死刑判決を下してのち、終身刑に減刑するなど、極刑に処することができなかった。

しかも、さらに上の「大物トラ」に摘発の手が及ばなかったことなどから、鳴り物入りの腐敗撲滅運動も、「トラがハエを払う運動」だと揶揄され、早々に限界を露呈してしまった。

しかし、実際に腐敗し切っているのは習主席自身の権力を支えている幹部組織そのものだ。したがって、この得体の知れぬ風車への突撃は最初から勝ち目などなかったのである。

本来、腐敗撲滅の唯一の方法は一党独裁体制にメスを入れることである。しかし、中国共産党は、共産主義を貫くことに価値を見出さず、共産党一党独裁を維持することに価値を見出している。

これでは、腐敗撲滅などおぼつかない。要するに、本来立ち向かうべき敵ではなく、風車を相手に戦っているだけなのである。

習主席が渾身の力を振り絞って戦おうとするもう1つの風車は、ネット世論とネット世論によって代弁されている人々の自由な思考である。

これは、毛沢東時代にはなかったものだから、毛沢東のやり方は通用しない。習近平はそのことに気づいていないのか、力でこれを抑えつけようとしてきた。

就任以来、習指導部は官製メディアと警察力を総動員して、ネット上の反体制的世論に対する掃討作戦を展開してきたのである。ネットへの検閲を強化しながら多くのオピニオンリーダーの拘束・逮捕に踏み切った。

その一方で習政権は、知識人たちが求める普世価値（民主・自由・人権などの普遍的価値）を西側の陰謀思想だと決めつけ、攻撃の集中砲火を浴びせている。

しかし、その成果はないも同然だ。

5億人以上にも及ぶネットユーザーがいるこの国では、いわゆる五毛党（中国共産党配下のネット世論誘導集団）を総動員してネット上の発言をいくら検閲しても検閲し切れないし、いくら削除しても削除し切れない。

いまでも、ネット言論の世界は依然として反政府一色である。そして、政権による言論弾圧には身内の中央党校からも批判の声が上がっている。多くの民間弁護士が、弾圧される人々を守るための人権弁護団を堂々と結成して、政権と正面から対抗する壮挙に打って出た例もある。

だから、習主席のやっていることはむしろ反対勢力の結集を促して政権への求心力をよりいっそう弱める結果となっているのではないか。だから、最高指導部のなかでも、彼の風車との闘いに嫌気がさして、別の道を歩もうとする動きが出ている。

このままでは、習主席は天涯孤独の「笑い物騎士、ドン・キホーテ」となってしまうかもしれない。ドン・キホーテの滑稽さは、騎士の世がとっくに終わったのに、自分1人だけが本物の騎士になりきろうとしたことにある。

習主席も同じだ。就任以来、彼はあらゆる場面で年代物の毛沢東思想を持ち出したり、毛沢東の名言や格言を引用したりして毛沢東気取りをしてきた。

その腐敗撲滅運動の手法は、毛沢東の整風運動の猿真似でしかなく、言論への弾圧も毛沢東の文革を彷彿とさせるものでしかない。

つまり彼は、毛沢東的なカリスマと強権政治がもはや存続し得ない今の時代において、毛沢東になろうとしているのだ。これはドン・キホーテ流の騎士妄想そのものである。

まして、民主・自由・人権などの世界共通の普遍的価値に矛を向けようとしつづけている。新型コロナウイルスに関しても、肝心の武漢市民が疑問の目を向けているというのに、共産党政権だからこそ撲滅に成功したと豪語している。その時代錯誤はすでに限度を超えているのである。

中国が第2の経済大国になって以来、東南アジア諸国もEUも、中国を無視できなくなってきた。しかし、それはもっぱら経済面に限られている。そこに、他国との違いがあるようだ。

というのも、中国のほうはむしろ歴史の怨念を心の中で連綿と引きずり、歴史の清算を外交政策の根底に置いているからである。それはまた、習主席自身が提唱してやまない「民族の偉大なる復興」の政策理念に通じるものがある。

もちろん、中国にとっての清算すべき歴史は、欧州とのそれだけではない。彼らからすれば、近代史上、中国をひどい目に遭わせた国はもう1つある。そう、東洋の日本なのである。

だからこそ、習主席はことあるごとに日本との歴史問題に触れ、何の根拠もない「南京大虐殺30万人」を言い出すのである。

一方、蛇足ながら首相の李克強に触れておきたい。共青団派から唯一幹部に選ばれた彼は、習近平の方針に対して距離をおくというか、冷ややかな態度に終始しているようだ。

以前述べた中国共産党三つ巴の勢力争いが再び始まっているのかもしれない。

とくに、新型肺炎騒動でマイナス点がついてしまった習近平である。

熾烈な闘いが待っているといえよう。

第5章

日本人にはわからない中国国民の真意

日中友好ムードの高まりの理由

中国は日本とどう向き合ってきたか

近年、中国では日本に対する友好ムードが高まっている。その理由をお話しする前に、「反日」と「好日」を繰り返す中国の対日史を知っていただきたい。

いまから40年ほど前の1980年代を通して、良好な対日感情を持ち、憧れの先進国としていた日本に対する「好日」が、「反日」に変化したきっかけは1989年に起こった天安門事件にある。

どう言いつくろっても、武力で学生運動を鎮圧し、国を愛する若者を虐殺した事実は覆い隠せるものではない。政権の求心力が完全に失われたとき、当時の江沢民政権がとった方策が「愛国主義高揚」と「反日教育」だった。

江沢民は、学校教育だけではなく、あらゆるメディアを総動員して徹底的に国民を洗脳した。それに則って、大学教授もジャーナリストも、日本を「危険な軍国主義国家」「侵略民族」とののしり、日本民族を「強暴な悪魔」に仕立てあげた。

新聞やネットのサイトには「日本、世界中でもっとも卑劣でもっとも恥知らずの国」「日本という無頼漢国をこの地球から消しましょう」「日本人は神様の作った不良品」「太刀を振り上げ、日本人の首を斬り落としたい」などの文書があふれかえった。

私自身も、日本から帰国した私に友人たちが浴びせる言葉の数々に、返事に窮した覚えがある。そういう意味で言えば、そうした虚偽の教育を受けてしまった中国の若者も、被害者と言えるのかもしれない。

こうした反日の火がさらに燃え盛ったのは、2005年である。国連のアナン事務総長（当時）が、日本の国連安全保障理事会の常任理事国入りを示唆したことに猛烈に反発したのだ。

自分が不利益を被《こうむ》るわけでもないこの提案に反発したのは、それまで反日教育を受けてきた結果である。悪魔の日本にそんなことを許してはならないということだったのだろう。

反対運動はエスカレートし、日系スーパーや日本大使館が襲撃されるなど、民衆は暴徒化していった。

しかし、じつは中国政府にとって、「反日」は諸刃の剣である。なぜならば、破壊攻撃が起こった上海は、外資系企業や国内大企業が集まり、中国経済の中心地だったからだ。上海が混乱したときのダメージは大きい。

そこで、政府は慌てて反日火消し活動を始めた。2005年4月から、「社会の安定維持」と「日中関係の維持」を旨とする一大キャンペーンを展開することになったのである。反日運動も一転して取締りの対象になった。

次の胡錦濤政権になると、反日教育は軌道修正され、メディアによる反日キャンペーンは次第に姿を消していった。日本との関係改善にも乗り出し、当時の温家宝首相は来日して日本への友好姿勢を示した。

また、2008年に四川省で起こった大震災も、中国人の反日感情の緩和に一役買った。日本からの救助隊の援助活動が、中国人に大きな感銘を与えたのである。

右肩上がりの友好ムード

さて、2012年に就任した習近平は、前述したように中華民族の偉大な復興や中国の夢をスローガンに掲げ、さまざまな強権政治を敷いてきた。

文在寅大統領率いる韓国の左傾化も、追い風になったことだろう。日韓関係悪化の影響を受けて、日米韓の同盟にヒビが入り始めているからである。

しかし、その一方で、習近平独裁政権が2018年頃から、日本との関係改善に熱心に取り組むようになった。

熱心になった最大の理由は、アメリカとの関係が悪くなったことにある。これこそが中国の伝統的な外交戦略であって、アメリカとの喧嘩が始まると、必ず日本にすり寄ってきて日本といい関係を作り、アメリカをけん制する。

そして、アメリカとの関係がよくなれば、手の平を返したように日本を無視したり叩いたりする。これが、鄧小平の時代からの中国外交の常套手段だ。要するに、中国は、アメリカと日本の両方を敵に回すことはしないのである。

とくに、2017年トランプ政権が誕生してから、米中関係は、オバマ時代より一層悪くなっている。

前にも述べたが、中国はアメリカと貿易戦争を始めた。双方で大きな損失を出したにもかかわらず、関税引き上げ合戦を続けたのだ。南シナ海問題でも対立し、人権問題も「内政干渉」と主張してアメリカの忠告をはねつけた。

中国がアメリカのジャーナリストを追い出したり、アメリカが国内にある孔子学院を封鎖したりなど、その対立ぶりは枚挙にいとまがない。

極めつきは、中国に本社を置く通信機器メーカー「ファーウェイ」封じ込めである。ファーウェイに関してアメリカは、2000年代から、国連の経済制裁を受けているイラクのサダム・フセイン政権や、アフガニスタンのタリバン政権を支援しているとして、安全保障に問題ありと主張していた。

また2016年には、アメリカ議会から召喚されている。ファーウェイの通信機器がイラン市場で独占的な地位を占め、反体制派の監視や検閲に利用されていることが問題視されたのである。

そしてトランプ政権発足後の2018年、ファーウェイのCEO・任正非の娘で副会長兼CFOの孟晩舟が逮捕された。罪状は詐欺罪、イランに対するアメリカからの制裁を避けるため、アメリカの金融機関にウソの説明をしたというものだった。

また、2020年、アメリカの司法省は、ファーウェイが北朝鮮との取引を隠蔽したとして追起訴している。

このように、ことごとく対立している感のある米中関係だが、習近平の仕掛けは必ずしもうまく行っているとは言えない。だから、日本との関係を改善するしか困難打破の道はないのである。

さらに言えば、アメリカとの関係だけではなく、習近平肝いりの一帯一路構想にイタリアを参加させて、G7を切り崩そうというプロジェクトも、2019年3月に覚書を取り交わしたものの、いろいろと綻びが見えている。

習近平は、「シルクロードの両端は中国とイタリアだった」などとイタリアをおだてているが、中国はギリシャのピレウス港を運営する会社の株を過半数取得して支配下に置いた例から見ても、その狙いは見え見えである。

こうしたなかで、習近平政権は日本の国と企業を一帯一路構想に引っ張り出そうという思惑もある。だから、習近平は、日本に秋波を送っているのである。

安倍政権も、周囲の反対意見を抑えてそれに応じ、関係改善のムードは高まっている。習近平は、今回の新型コロナウイルスのことがなければ、4月に国賓として来日することになっていた。

つまり、習近平としては、国賓として日本へ行くためには、国民の日本へのイメージをよくしておく必要があったのである。言ってみれば、最近の日本との友好ムードは、悪化する一方の米中関係の埋め合わせを狙う、習政権側の思惑にすぎない部分もあるということだ。

中国人はなぜ、日本人に憧れているのか

本当の日本を知った中国人観光客

新型コロナウイルス問題で陰りを見せているが、観光立国を目指す日本を訪れる外

国人はこのところ年々増えていた。そのトップを占めているのが中国人である。２０１９年の統計によれば、２０１８年と比べた伸び率も断トツの1位である。

もちろん、お金がかかることだから、来日する中国人は、中産階級の知識人が多く、彼らは大きな発信力を持っている。

そして、そのうち99パーセントの人が、日本に一度来ただけで日本に対していいイメージを持って帰国する。彼らがネット上で書き込んでいる「日本に対しての感想」を読んでいても、私は、日本に悪いイメージを持って帰る人をあまり見たことがない。

大きな発信力を持つ彼らは、ＳＮＳなどを使って自分の見てきたことを発信する。

たとえば、「日本はもてなしが素晴らしい」と、オリンピック招致にあたって日本が切り札にした「お・も・て・な・し」を、日本に来て実感した経験を伝えている。「親切だし、温かいし……」などと、反日の先入観という色眼鏡を通さないで、日本の姿が中国国内に広まっている。

ともあれ、最近、中国全体の日本に対するイメージ向上にもっとも貢献しているのが、中国人観光客である。観光客自身が、自分の目で確認した事実を、自分の責任において発信している。

繰り返すようだが、ここで私が言いたいのは、これが中国当局の意図に従ったものではないということなのである。

つまり、中国政府が、日本との関係を改善したいという思惑で日本に対するイメージ操作をしたことだけが、このイメージ好転の理由ではないということだ。

中国人は何に憧れるのか

たとえば日本人同士でも、辺鄙《へんぴ》な山国に住んでいる人の中には、こんな何もない山国のどこがいいのかと言う人がいる。初めて見る人が感動する風景でも、彼らには当たり前のものになっていて、その素晴らしさに気づかないのである。

これと同じで、中国人が日本のよさを発見して、それをネットで紹介していると言っても、何がいいのかわからないという日本人も多いと思う。

そこで、次に中国人が感心する日本の美点を列記して、日本の人々にも中国という外国から見た日本のよさを再認識していただきたい。

■和食

世界の三大料理は、中華料理とフランス料理とトルコ料理だと言われている。共通点は、いずれも宮廷料理として発展したというところにあるらしい。いずれにしても、三大料理の1つを食している中国人が和食に憧れる理由はいろいろある。

たとえば、その美しさだ。とくに弁当は、おなかがいっぱいになればいいというものではなく、「一種の芸術品のようだ」として、中国人はその美しさに魅せられている。たしかに、日本人は彩りを楽しんで弁当作りをしているようだ。

弁当だけではなく、中国メディアは和食の美しさを、器に盛られた食材の形、盛り付け、彩りなど、風景画のように精緻で美しいと絶賛して紹介している。その特徴は、「彩り、香り、味わい、器の4つの調和」を大切にしていることなのだ。

さらに、季節感も加味されているから、客は和食を前にして、居ながらにして春夏秋冬を味わうことができるのである。

また、素材の味を大事にするために薄味のものが多く、料理人の腕の見せどころになっている。そのために、素材の鮮度への拘りも強い。

また、ラーメンは昔「中華そば」と呼ばれていたように、中国発祥の食べ物である。しかし、多くの外国人が「ラーメン」を、もっとも好きな日本食の1つにあげるように、さまざまな味のスープやトッピングは日本で工夫されたものであり、完全に和食化している。

▪神社仏閣、雪や桜

初めて訪れた中国人の日本観光コースは、大体次のようなものである。

東京で皇居前広場と浅草と東京スカイツリー、あるいは東京タワーとお台場を回って銀座へ、そこでグルメを楽しむ。

東京から箱根へ行って富士山を眺めて温泉につかる。

それから新幹線で関西へ移動し、大阪城や道頓堀など大阪見物をして「爆買い」とグルメを楽しむ。

京都観光をして代表的な神社仏閣をめぐる。余裕があれば奈良へも行って世界一の大仏を見て鹿に煎餅をやる。

これで、日本の歴史と文化、都会と自然、買い物とグルメを味わうことができるだろう。

そしてリピーターは、日本全国の名所旧跡のどこかに足を延ばす。その中には桜の名所も入っているのである。とくに最近は桜を目的とする中国人が増えている。日本の象徴である桜の木の下で写真を撮りたいと、桜に憧れているのである。

また、もちろん中国にも雪は降るが、スキー客にとって北海道の雪は、「パウダースノー」と呼ばれ、彼らの目には魅力的に映るらしい。

■民度の高さ

民度の高さには、日本人の「清潔さ」「礼儀正しさ」「モラルの高さ」そして「日本社会の秩序の正しさ」「穏やかさ」などが含まれる。

中国人は、まず日本の道路や公共スペースにゴミが落ちていないことに気づくらしい。落ちていてもすぐに掃除されるし、町内会をあげての掃除の日も設けられているからだ。

また、これは観光客ではないが、中国人留学生が日本に住み始めてびっくりするのは、出前の丼が返却のためにきれいに洗われてドアの外に置かれていたり、自動販売機が人気のないところに設置されていたりすることなどだという。

日本人にとっては当たり前のことかもしれないが、外国人にとっては盗む人がいないことが不思議なのである。

また、多くの中国人は、日本から帰国後、自分の町の喧騒に改めて気づくと言う。日本では公共の場で大声を出す人など、まれにしかいないからである。

電車に乗るときやレストランの順番待ちなどでも、列を乱す日本人はほとんどいない。

中国の情報を流すサイト「サーチナ」は、中国メディアの発信として、「このような民度の高さは、おそらく、家庭教育で培われるのだろう」と報じていると伝えている。

■ものづくり精神

中国のポータルサイト「網易」（ネットイース、ワンイー）による過去の財経総合欄の調査によると、寿命200年を超える企業は、ドイツ837社、オランダ222社だが、日本は3146社と世界一であると言う。

その理由は、日本に職人精神があるからだと言うのだが、職人精神とは何か。それは、仕事を単なる稼ぎの手段とみなさず、仕事に対する愛着心や執着心を持っていることなのだと指摘している。

記事はまた、アカデミー賞外国語映画賞を獲得した日本映画『おくりびと』を取り上げて、亡くなった人を安らかに熟睡しているかのように化粧することに職人精神そのものを見たと報じている。

■農業

じつは、中国では農村の貧しさが頭痛のタネになっている。ところが、日本では、インフラが整っていて、農家の収入も少なくない。

それは、有機農業が推奨され、農協によって団結しているからではないかと、その理由を挙げて、日本を見習うべきとの声が高くなっているようだ。

■文明度の高さ

日本は資源も広大な土地もなく、ないない尽くしの国で輸入に頼っている部分が多い。それにもかかわらず、経済大国になったのは、文明度が高いからだ。中国人は、それに対して高い評価をしているのである。

このように、中国人が憧れるものが日本にはたくさんある。そして、従来の中国で教えられた日本像とのあまりの違いに驚くのだ。彼らの悩みのタネは、中国の知人友人が、こうした日本の姿を話してもわかってくれないことだ。「日本に自分を売った売国奴」「日本政府に雇われて金をもらって投稿しているんだろう」などと言われて傷つく人も多い。

しかし、自分の目で確かめた日本の姿で従来の見方を洗い流し、心の憩いの場、安住の地として、日本に永住を望む中国人は年々増えているのである。

親日ムードを利用する中国

たしかに、習近平政権は、2018年ごろから日本との関係改善に乗り出し、反日教育も控えめになった。しかし、政府の思惑をよそに、多くの中国人は、実際に日本を見て、日本のよさを発信しているのである。

改めて言うが、政府の方針にしたがって日本に好感を持つようになったのか、あるいは、自分で日本のよさを実感して、それをそのまま正直に発信しているのかが問題なのだ。

自由の国・日本に住む人にはわからないかもしれないが、中国人にとって、この違いは非常に大きいのである。

ただし、日本人が知っておくべきことは、彼らの発信が公認され、咎められないのは、国賓としての来日が視野にあった習近平にとって、その時点ではそれが好都合だったからだということである。

前に述べたように、米中関係は悪化の一途をたどっている。だからこそ、中国は日本に近寄ろうとしているのだ。習近平のこうした「対日」戦略の中には、あわよくば日米関係に亀裂を入れたいという思惑が潜んでいる可能性もある。

だから中国は、何かのきっかけでアメリカとの関係が修復されれば、日本に対してたちまち牙をむくかもしれない。

たとえば数年後、わずかながら米中関係が好転したとしよう。そしてそこに何か日本と対立するようなことが起きたとしよう。

そのとき、政治的な必要から、日本を叩いたほうがいいと判断すれば、今までの友好ムードは一夜にして消え去り、猛烈に反日宣伝を始めるだろう。国民の「日本大好き」のネット情報も、消されてしまうかもしれないのである。


また、今のところ習近平が、国民の日本に対する好感情を危惧しない理由はもう1つ、安倍政権が中国の人権侵害問題を、積極的には取り上げていないということにもある。

たとえば、アメリカは香港で起こった反政府運動を支援するために、人権法を成立させたが、日本は関与しなかった。あるいはウイグル人虐待をアメリカは問題視したが、日本はそれに賛同する姿勢を見せなかった。

今の習近平にすれば、中国に対してもっとも優しいのは安倍政権なのである。しかし、それで中国ががらりと反日をやめるかと言えばそれはない。今のところ、あえて日本を悪者にする必要がないから、悪者にしていないだけのことなのだ。

まして、国民の好感度が上がっているのを見て、中国政府が日本のように民主主義国家に生まれかわろうとすることはありうるか。それは100パーセントない。

対日関係がよくなったから、悪くなったから、などという理由は、国内の政治体制とは何の関係もないということだ。

新型肺炎で大変な状況になった武漢に、日本が大量のマスクを贈ったときも、中国の戦艦は、宮古島付近の海上を示威航海した。人の好意は受けるが、それに対する感謝と、軍事的主張は別物だという中国の本心が見えている。

ただし、繰り返すようだが、政権の思惑とは関係なく、日本に好感を抱く中国人は確実に増えている。そこに一縷《いちる》の望みを私は託したいと思っているのである。

ただ、約14億という膨大な人口を抱える中国で、日本を訪れることができるほどの財力を持っている人は、ほんの一部にすぎない。ほとんどの人は、政府の発表をそのまま信じている。それを思うと、その一縷の望みも虚しく見えてくる。

中国政府は「本心」を明かさない

残念ながら、こうした中国国民の対日姿勢の好転から、観光客やビジネスチャンスの増加を連想し、日中関係の将来を単純に喜ぶことはできない。日本に好感を持つ中国人は増えているが、中国政府としては、現在の自国の状況から判断し、便宜的・一時的な方策として反日教育を控えているだけだからだ。

これに対して、中国に可能性を見て付き合ってきた企業などが、取るべき対応策として基本的に言えることは、ある日突然、中国相手のビジネスが終わりを告げたとしても、命取りにならない方法を用意しておくことだ。

もちろん、中国ビジネスはあるに越したことはないが、なくてもやっていける企業体質を作っておくことだ。一言で言えば、「中国ビジネスにはあまり深入りするな」ということなのである。

たとえば、生産拠点を中国一国に集中させないことだ。いざとなったとき共倒れにならないように、リスクは分散しておいたほうがいい。

これはひいて言えば、日本政府が中国とどう付き合っていくかという問題に通じる。むろん、隣の大国だから安定した関係を作ることができるならば、それに越したことはない。

日本が中国と喧嘩をしたほうがいいとは誰も思っていない。ただし、将来の日本にとって、本当の脅威になるのは中国であるという認識はしておくべきだろう。

とくに認識すべきことは、中国はあくまで、共産党一党独裁の異質の国であるということだ。体質、国家体制、考え方などなど、すべてが民主主義国家に生きる私たちとは違う。それを前提としてやっていくしかないのである。

だから、喧嘩をする必要もないし、友だちになろうという考えも捨てたほうがいい。なろうとしてもムリだからだ。要するに、是々非々でやっていくことが中国と付き合うコツなのである。

たしかに、南シナ海はどうするのか、アジアの安全はどうなるのかなど、中国をめぐる問題は多発している。そこは、日本もアジア諸国やアメリカと連携して、中国の覇権主義を阻止しなければならない。

そうしないと、日本の存続も安全保障も危うくなるからだ。だから、あえて喧嘩をする必要はないが、常に警戒を怠ってはならないのである。

ただ、少し話はずれるが、一言申し上げておきたいことがある。

それは、覇権主義に走っているのは、「中国共産党独裁政権」であって、「中国人」ではないということだ。

中国の政治体制は、中国人が選んだのではなく、共産党が勝手に武力を使って軍事力で政権をとっただけなのである。中国人はこの約70年間、銃とペンで抑えつけられて我慢をしてきた。

だから、中国人には何の罪もない。あの体制や政権は、新型コロナウイルスより悪質なウイルスとなって中国全体を覆っているのである。ここまで蔓延してしまったウイルスである。撲滅するのは絶望的に難しい歴史上の大問題としか言えない。

SNSで覚醒する民意

抑えきれない民の声

しかし、共産党独裁体制の崩壊はあり得ないという絶望の中にも、かすかな望みはある。この不動の党独裁の中にも、あらたな動きが見えてきたのだ。

よく知られているように、中国では、Twitter や Facebook、さらに YouTube など、海外のソーシャルメディアは当局に遮断されている。

私たちのように日本に住んでいる人間は、中国のインターネットにアクセスできるが、中国にいる人たちは基本的に海外のソーシャルメディアを見ることはできない。

このような一方通行が、中国のネット社会の現実である。その代わり国内ユーザーを対象として、Twitter、Facebook、YouTube などに類似する通信サービスが提供されている。

なかでも、近年のスマートフォンの爆発的な普及を受けて、利用者が急増しているのが、前述したミニブログ、「微博」だ。

すでに登録アカウント数は13億を超えた。いまや中国最大のユーザーを抱え、もっとも速く簡単に情報や意見を発信できるツールに成長した。

私は時々「微博」の世界をのぞくのだが、中国という国が今、世紀末的な絶望と、未来へのかすかな希望が混在した激動の大変革期にあることがよくわかる。

まず、私が目にした書き込みを紹介してみよう。

■「公衆新聞」さん
「今の中国で、大型プロジェクト・国土開発・対外貿易・証券・金融という五つの利権の大きい分野で、主要ポストの九割以上は政府高官の子弟たちが握っている。社会主義の中国は『権力世襲社会』になっていて、人民は単なる傍観者と奴隷である」

■「万網互通」さん
「今、中国の富の九五％は全人口のわずか五％を占める人々の手にある。しかしこの五％の人々はすでに海外へ移民しているか、あるいは移民しようとしている。これから十年後、この国に何が残されているのだろうか」

■「CCTA」さん

「地球上にこのような国がある。八〇％の河川が枯渇し、三分の二の草原は砂漠と化している。六百六十八の城市（都市）はゴミによって包囲され、四億人の都市部住民は汚染された空気を吸う。二千万人の女性は売春に励み、刑事事件は年間四百万件も発生する。

一千万人の公務員の幹部のほとんどが汚職をしている。このような素晴らしい国はいったいどこか。当ててみよう」

もちろん、それが中国のことだということは誰でもわかっている。この書き手があげた一連の数字が正確であるかどうかは問題ではない。

要は、多くの中国人が自分たちの国の現状をこのように認識しているということだ。行間からは祖国の惨めな現状への深い絶望と、それをもたらした政治権力への強い不信感と不満を感じ取ることができる。

中国国内で広がる政権批判

こうしたなかで、政治権力と民衆が対立するような出来事でも起きれば、「微博」の世論は一斉に政権批判へ向かうにちがいない。

たとえば、江西省新余市で政府幹部の財産公開を求めた劉萍《りゅうへい》さんら3人が、「違法集会」の罪で起訴されると、「微博」の世界では政権に対する非難の嵐が一気に吹き荒れた。

「幹部の財産公開を求めて何か悪いのか。この国では正義を主張する人は犯罪者にされるのだ！」

「財産の公開をそれほど恐れているのか。それは、政府の幹部が皆不正の財産を隠し持っていることの証拠だ！」

「当局が劉萍さんたちに罪を問うのは、つまり現政権は民衆の側ではなく汚職幹部のサイドに立っているということだ。民衆の敵は誰なのかが一目瞭然ではないか！」

などと、痛烈な政権批判が延々と綴られている。

劉萍さんたちの弁護を引き受けた弁護士の張雪忠氏は、自分の「微博」でこう宣言した。

「今後、私は政治犯と良心犯の弁護を一手に引き受けるつもりだ。権力が銃を持って人を迫害するなら、私は自分の口舌で彼らを助けなければならない。正義を勝ち取ることができなくても、民心は我々のほうにある」

この果敢な宣言を行ったわずか数日後に、張雪忠氏は当局の圧力によって大学を解雇される憂き目にあった。氏は大学内の党委員会が、党員ではない自分を罷免する権利はないと反論したが、聞き入れられることはなかった。

また、その後、山東建築大学教授の鄧相超氏も「微博」上に、毛沢東を批判した文章を掲載している。

氏は単に事実を述べただけなのだが、同大学委員会は、「鄧相超の言論は間違っている。世に与えた影響は大きい」として問題視した。当局はただちに氏を公職から追放し、教授職も解こうとした。

それに対して、前出の張雪忠氏らは、これを「文革（文化大革命）」と同じ言論弾圧と断じて抗議の声明を出した。

これらの「弾圧」にめげず、独裁権力に挑戦するこうした不屈な精神と「微博」の世界を彩った多くの中国人の覚醒、それらすべては、この絶望の大国に一条の希望の光明を投げ入れているのである。

制止しきれなかった国民の反乱

反旗を翻す市井の人々

毎年、中国の国家予算案が発表されるたびに注目を浴びるのは、伸び続ける軍事予算である。中国の動向を探る上での重大な資料になるからであろう。

しかし、中国国内に目を移せば、同様に注目すべきは、「公共安全予算」の伸びである。これは、国内の治安維持のための予算だからである。

じつは、この予算は軍事予算を上回っているのだ。


これは、ここまで治安維持に予算を投入しなければ、国民の抵抗を抑えきることができないことを示している。


治安体制の中心的な機関となっているのは国内安全保衛隊、いわゆる国保である。習近平政権は、一般の警察に加えて特殊警察を増強するとともに、国家安全部門（国安）、解放軍などが民間警備会社に仕事を振り分け、全国にチェーン展開させている。

インターネット上の政府に不利な書き込みを削除し、有利な書き込みを行なっているいわゆる「五毛党」に対する予算も、公共安全予算から支出されている。

「五毛党」とは、正式名は網路評論員といい、政府に有利なネット上の「やらせ書き込み」をしてきた工作員グループのことである。書き込み1件当たり5毛（0・5元、約8・5円）が、この工作員たちに支払われたことからこう呼ばれた。

2013年のウイグル暴動のあとなど、五毛党の書き込みがネット上に無数にあふれ、その内容はいずれも、政府の地方指導の成功をたたえ、「中国の夢」を称揚するものだった。

こうした書き込みが、年間4億8千万件にも及んだというアメリカのハーバード大学の研究もあった。

しかし、これほどの手間暇と膨大な予算をかけても、公式発表だけで年間20万件以上発生する暴動はエスカレートする一方である。

そして近年目立つのは、警察官と市井の人々との関係性の逆転現象だ。

たとえば、河南省太康県の塘坊村では、「違法建築」の調査にやってきた制服警官の1人が、当事者の村民から暴行を受けた上、1日以上「拘禁」されるという事件が起きた。

昔から「犬が人を嚙んでもニュースにならないが、人が犬を嚙んだらニュースとなる」との言い伝えがある。この事件の場合、本来なら人を捕まえるのを仕事とする警官が、逆に村民によって拘禁されてしまったのである。まさにニュースに値すると言えるだろう。

ただし近年の中国では、この程度のもめごとは日常茶飯事になっていて、ニュースになるほどの珍事ではなくなっている。ほかの例を以下に挙げよう。

■四川省成都市で、中学校の女性教師が警官に平手打ちを食らわせた。電気自動車を運転していた彼女の姉が交通違反をして警官に止められたときである。同乗していた彼女は、車から降りるや有無を言わせず警官に平手打ちを数発食らわせたのである。

■同市内で、車の盗難事件の調査にきた警察官が、調査対象となった男が運転する車に撥《は》ね飛ばされて大怪我を負った。

■福建省厦門市内で、無免許運転の上、クラクションをむやみに鳴らしたことで警官の取り調べを受けた女が2人の警官に暴行、股間を蹴りあげた。

■広東省東莞市で、チンピラ連中の乱闘を制止するため駆けつけたパトカーが逆に彼らに包囲され、5人の警官が暴行を受けた挙句、パトカーを引っくり返された。

このように現在の中国では、市井の人々が白昼堂々と公安警察に反抗して暴行を加えるようになってしまった。こうなった背景には、政治権力そのものに対する人々の不満と敵意が中国社会に充満していることがある。

多くの国民が不満と敵意を持っているからこそ、身近にいる政治権力の象徴である警察官の顔を見るや否や、とにかく一発食らわせてやりたい気分になっているのだろう。

そして、「警官を殴る」という具体的な行動に走っていることから、中国社会のもう1つの重要な変化を読み取ることができよう。それは、今の中国民衆が警察権力も含めた政治権力を、かつてのように恐れなくなっているということだ。民衆はむしろ、権力を上から見下ろして「お前らはなんぼのものか」と軽蔑するようになっている。かつては存在したお上への敬意や畏怖の念は、現在の中国ではすでに消滅し、政治権力の「権威」は、もはやなきも同然なのである。

つまり現在の中国では、共産党独裁体制がすでに行き詰まっているだけではなく、秦の始皇帝以来の威圧的な専制主義政治が、そろそろ終焉を迎えようとしているように思える。

今後、共産党政権が治安維持費をいくら増額したとしても、今あげた例のように、民衆に見くびられ、殴られまくっている警官たちを頼りにして社会秩序を維持していくことは難しい。権威がそこまで失墜したなかでの安定した体制維持は、ますます難しくなるにちがいない。

政府当局が恐れる「低俗文化」

2013年の7月半ばから、共産党機関紙の『人民日報』は、「不良化する文化的傾向」を批判する9つの論評をシリーズ化し、連続掲載した。その批判対象の1つは、「文化の低俗化」だった。

その後、「国家新聞出版ラジオ映画テレビ総局」は、新聞5紙が低俗記事や低俗広告を掲載したとして処分されたことを発表し、国内メディアに対する引き締めを始めた。

低俗文化とは言うまでもなく、笑いやセックスを売り物とした娯楽性の強い新聞記事、映画、テレビ番組などの総称だ。

しかし、政権はなぜ、これら低俗番組の掃討に血道をあげているのだろうか。その答えは、『人民日報』が掲載した前述の「不良文化批判シリーズ」の最後の論評にあるようだ。

シリーズの締めとなるこの論評は、習近平国家主席が掲げる「中華民族の偉大なる復興」というスローガンを中心に持ってきている。「文化の復興は民族の復興の1つ」とした上で、「低俗文化の氾濫は、民族の偉大なる復興の大いなる妨げとなる」と説いているのだ。なるほど、これこそ習政権が低俗文化を目の敵にした最大の理由だと思える。

しかし、たかが娯楽性を売り物にする程度の低俗文化が、なぜ「民族の偉大なる復興」の妨げとなるのだろうか。『人民日報』の記事は特に具体例をあげていないが、その低俗文化のなかに、「抗日ドラマ」が入っているようだ。抗日ドラマの低俗化が、しきりに取り沙汰されるようになっているのだ。

抗日ドラマは、習近平政権が発足し、「中華民族の偉大なる復興」というスローガンが掲げられ、洪水のように氾濫するようになった。２０１２年には、70本も制作されたと聞いている。

■「八路軍」と称される共産党軍が日本侵略軍に立ち向かう死闘を描いた『亮剣』
■湖南省の共産党部隊が日本侵略軍を相手に展開するゲリラ戦を題材にした『血色湘西』
■華北での八路軍本拠地の周辺で展開される中日両軍の攻防戦を描いた『狼毒花』
■日本軍の占領地域に潜入してスパイ活動を行なった共産党特務員を主人公にした『野火春風闘古城』
■日本侵略軍が八路軍部隊の本拠地に対して行なった殺戮掃討作戦と八路軍の反撃を再現した『烈火金剛』

などである。

そのような内容にすることによって、視聴者の愛国主義と義憤を煽り立てる一方、このような日本軍を退治した共産党への感謝の念を喚起することもできるからである。

いわば一石二鳥の妙案だった。当局も黙認していた節がある。

しかし、数多く作られるにつれて、過激な演出が目立つようになってきた。視聴率を上げるための激しい市場競争のなかで、1人の抗日軍の兵士が十数人の日本軍兵隊を素手でぶっ倒すような奇抜なシーンや、戦いの場面で女性の全裸を見せて売り物とするような抗日ドラマが続出する事態となったのである。

政権にとって、こうした傾向を見逃すわけにはいかなくなった。なぜならば、国民に反日感情を植え付け、愛国主義精神を高揚させるために作らせたドラマが、低俗化、娯楽化してしまったら、政権の意図に反して逆効果だからだ。

「反日」や「愛国主義」を茶化すことで、逆に思想教育を形骸化させてしまうことになりかねない。

つまり、愛国主義を1つの柱とする「民族の偉大なる復興」を掲げる習政権は、抗日ドラマの低俗化を大きな障害と認識したのである。

だから、党メディアを総動員して一掃作戦に打って出たのである。同時に、文化全体の低俗化に対する掃討も同じ目的から展開された。

低俗化は政権の危機？

しかし、政権がいかに低俗化を一掃しようとしても、それが民衆の中から発生したものであれば、なかなか一掃できるものではない。中国における文化の低俗化はむしろ、共産党政権による思想教育とイデオロギー支配を突き破る大きな力となっていると言えそうだからである。

文化が低俗化すればするほど、そして一般民衆が性風俗や娯楽に心を奪われるほど、習主席が苦心して唱える「民族の偉大なる復興」は単なる空疎な官製スローガンに終わってしまい、人民に対する政権の思想支配はますます難しくなる。

市場経済が定着し、新聞社もテレビ局も弱肉強食の商業的な競争に晒されるようになった昨今、現政権が提唱する大言壮語の思想よりも、気軽な娯楽性が好まれるのは一般的風潮である。

そのなかでは、習政権の低俗文化に対する闘いには勝ち目はない。行政的手段で一時的な効果を挙げることができたとしても、市場の原理と民衆に根付く「人間性」に逆らうことなど到底できない。

今後も進んでいく文化の低俗化の前で、共産党政権の思想支配はいずれ破綻するであろう。

蔣介石再評価が意味すること

変わりつつある蔣介石像

このところ中国では、政権によって歪曲された歴史の見直しが民間の手で静かに行なわれている。それは、共産党の官製歴史観から自由になろうとする意味で、「中国版自由主義史観」の台頭とも言うべき動きである。

たとえば、蔣介石という近代史の人物に対する再評価である。

蔣介石は、ご存じの方も多いと思うが、中国国民党を作った孫文の死後、国民党を率いた人物である。しかしその後、共産党とイデオロギーが対立し、内戦の果てに破れ、国民党軍と国民政府は台湾に逃れた。

だから、これまで政権側が行なってきた歴史教育では、蔣介石の率いる国民党政府は「反人民的売国政府」として扱われ、蔣介石本人も人面獣心の独裁者、極悪人として描かれていた。

もちろんそれは、共産党によって作りあげられた偽りの蔣介石像にすぎない。しかし、共産党政権としては、国民党政府と蔣介石がこの通りの悪者でないと困る事情があった。

それと戦って勝利した共産党政権が、「人民を解放した救世主」として賛美され、正当化されなくなるからだ。

しかしここにきて、こうしたでっち上げの蔣介石像が崩れつつある。

近年、『蔣介石書簡集』や『蔣介石日記解読』などの書籍が中国で出版されて広く読まれ、蔣介石はむしろ民族の独立に大いに貢献した愛国者、人間味あふれる教養人として紹介されているのである。

蒋介石と同時代を生きた四川省の素封家の劉文彩も、悪人から善人へと再評価された1人である。

私たちの子ども時代、劉文彩は教科書に必ず登場してくる人物だったが、小作農をひどく搾取したりいじめたりする「悪魔のような大地主」の代表格として教えられてきた。

学校の先生は劉文彩について講義するとき、いつも我々生徒に向かって「共産党と毛主席が、劉文彩のような極悪の地主階級を倒して新中国を作ったからこそ、君たちは幸せな生活を手に入れた」と語っていた。

つまり、劉文彩物語の背後に隠されているのはやはり、共産党が人民を解放したという「人民解放史観」なのである。

この劉文彩も今や汚名を返上している。

彼に対する客観的評価を内容とする書籍が出版され、「弱者に優しくて教育事業の振興に熱心な素封家」という劉文彩像がマスコミに登場してきているのである。劉文彩の子孫、縁者千人以上が故郷に集まって「先祖の遺徳をしのんだ」とも報じられている。

このように蔣介石や劉文彩など、かつては人民の敵とされた人々の名誉回復は着々と進んでいるが、そのことの持つ意味は大きいと思う。

前述のように、中国共産党政権はこれまで、蔣介石や劉文彩たちを「極悪人」に仕立てることによって、人民解放史観を作りあげて政権の正当性を主張してきた。

しかし今、その前提となる歴史上の人物像が、偽りであることが国民に広く知られることによって、いわば人民の解放という共産党政権の正当性は、その根底部分から大きく揺らぎつつある。

共産党自身が、この問題の重大さを察知しているかどうかがよくわからないが、今のところ、おそらく台湾の国民党政権を取り込もうとする思惑から、政権は蔣介石などに対する再評価の動きを、容認しているかのように思われる。

しかし政権の思惑がどうであれ、こうした寛容さが権力そのものの解体につながるのは必至であろう。

多くの中国人民にとり、権力によって押し付けられた歴史観からの脱出は、独裁政治の精神的支配から解放される第一歩となるにちがいない。新しい時代へ向かっての地殻変動は、目立たないところで確実に始まっているのである。

フランス革命前夜さながらの現代中国

蔣介石見直しの風潮にともなって、中国では不思議な本がベストセラーになったことがある。それは、19世紀のフランスの歴史家アレクシス・ド・トクヴィルが書いた『旧体制と大革命』という本である。

1789年に勃発したフランス革命の特徴や原因について、考察がなされた同書が中国で読まれるきっかけを作ったのは、共産党政治局常務委員であり中共中央規律検査委員会書記（現副主席）の王岐山だった。

彼がある会議の席上で同書を推薦して以来、にわかに脚光を浴びることになった。新聞や雑誌は盛んにその内容を取り上げて紹介し、売り切れ書店が続出するほどの人気を博した。

19世紀のフランス人の書いた本が中国でそれほどの反響を呼んだのは、王岐山の推薦以外に、より深い理由があると思う。

それについて『人民日報』(海外版)は、「中国国内の現状が大革命前夜のフランスのそれと類似しているからこそ、本書は中国で大きな注目を集めた」と明快な論評を掲載している。

中国の現状と当時のフランスがいかに類似しているかについて、同論評は次のような分析を行なっている。

「大革命前のフランスでは、貴族たちが憎むべき特権にしがみつき、人民の苦しみにまったく無関心で自分たちの独占的な利益の維持だけに汲々としていた。それが旧体制につきものの『社会的不平等』をさらに深刻化させて大革命の発生を招いた。

同様に、昨今の中国では貧富の格差が拡大して社会的不公平が広がり、階層間の対立が激化している。このような状況下では、民衆の不平不満が増大して社会が動乱に陥る危険が十分にある」

そしてその後、同論評とほぼ同じ分析が、多くの学者やメディア関係者からも示された。

どうやら、中国のエリートたちがこの本を読んで連想するのは、中国での革命であり、彼らの懸念はやはり、フランス革命のような大革命の嵐がいずれ中国の大地で吹き荒れるのではないか、ということに集約されているようだ。

今の時代、当のフランスにしても同じく先進国のアメリカや日本にしても、仮に誰かが「この国で革命が起きるぞ！」と叫んでも、それは単なる冗談として一笑に付されるだろう。

しかし中国の場合、革命や動乱の発生はむしろ現実味のある可能性として意識されている。

現に、前国家主席の胡錦濤は、政権を習近平に渡した2012年11月の党大会での最後のスピーチで、腐敗問題で国が滅びることの危険性に厳粛に言及している。

その危機感を受け継いだ習近平政権は現在、民衆の不満を和らげるための「腐敗撲滅運動」の推進に全力をあげてきた。

彼らはやはり、下からの反乱と革命による亡国、を恐れているのである。

もちろん、「上から」の撲滅運動の推進で、共産党幹部の腐敗が根本的に抑止されるとは思えない。

腐敗の温床は、そもそも共産党が敷く一党独裁の政治体制そのものだからだ。この旧体制にメスを入れないかぎり、腐敗の蔓延は永遠に止まらないだろう。

つまり、中国政権には、大革命の発生という悪夢が常につきまとっているのだ。笑い話ではすまないのである。

結局、上からの変革を断行することによって、一党独裁体制に自ら終止符を打つのか、それとも「下から」の革命によって国が滅ぼされる運命を迎えるのか、それこそが、じつは今後の習近平政権に迫られる究極の二者択一なのである。

社会の安定維持に疲弊する党幹部たち

２０１４年3月12日に閉幕した中国の全国政治協商会議の席上、委員の李海浜は「維穏」つまり「社会穏定（安定）の維持」という政治的視点から、古典小説の『水滸伝』を題材にした映画やドラマの放映禁止を提案し波紋を呼んだ。

全国政治協商会議とは、共産党その他の団体の代表で構成された全国統一組織で、その会議は、毎年全国人民代表大会と同時に開かれている。これらは「両会」と呼ばれ、全国レベルの重要な政治的決定を行なっている重要な組織である。

近年、民衆による暴動や騒動が多発する中、中央政府は口癖のようにこの「維穏」のスローガンを唱えるようになっている。

要は、「維穏」とは、政権に対する民衆の反発や反抗を抑えて社会の安定を保とうという意味に他ならない。

李海浜委員の理解も同じである。彼は政権側の立場に立って、下からの反乱を描いた『水滸伝』を目の敵にしたのだろう。

しかし、『水滸伝』は、明代の中国で書かれた長編小説で、舞台は千年も以前の北宋時代であり、語られてきた講談をもとに書かれている。

そんなたかが小説が、こうも恐れられているということは、現在の共産党政権が「維穏」にどれほど神経質になっているかの証拠である。

現に、10年ほど前から、政権は「維穏」を最重要な政治任務と位置づけ、全力をあげてそれにあたる構えを示してきた。

国内の治安権限を牛耳る政法委員会は、全国津々浦々の町や村のすべてを「維穏」の第一防衛線と位置づけた。そして、各地に「維穏弁（安定維持統括事務所）」を設置し、民衆の中の不穏分子を徹底的に監視しているのである。

たとえば、湖南省永州市富家橋鎮に唐慧さんという女性がいる。

公安から不当な扱いを受けたことを理由に、たびたび北京に足を運んで直訴したことで有名な人物だ。

そんな彼女は、富家橋鎮の共産党支部から、「維穏任務の対象人物第一号」に認定され、すべての行動が厳しく監視・制限されたという。

富家橋鎮の党支部書記が、上級組織から課した最優先任務は唐慧さんの監視であり、彼女の行動を監視するための専属要員までが配置された。

そのために、これまでに80万元（1300万円相当）の公費が費やされてきたと報じられている。

こうした大がかりな「維穏工作」はもちろん、富家橋鎮だけではなく全国規模で行なわれている。そのために過度な緊張と労苦を強いられているのは、下層組織の党と政府の幹部たちだ。

たとえば、2013年7月、四川省某鎮の若き副鎮長が辞職し、さらに福建省の某副鎮長が首つり自殺したことは全国で大きなニュースとなった。

その理由の1つが、上から課せられた「維穏任務」の重圧に耐えられなくなったことであるとされている。辞職した四川の副鎮長の話によれば、副鎮長としての1年間の仕事の3分の1は「維穏」だったという。

このように現在の共産党政権は、人民の反抗を抑え付け、「穏安を維持する」というただ1つの目的のために、まさに政権としての総力を傾けている。

逆に言えば、政権がちょっとでも気を緩めれば、中国社会の安定はただちに崩れてしまうのである。

「維穏」とは結局、終わりのない自転車操業のようなものだろう。この自転車操業の今後は一体どうなるのか。『人民日報』ネット版は同年7月8日付で、前述の四川省副鎮長辞職に関連してこう指摘している。

「各級政府は最大限の時間と労力を維穏に投入しているが、その効果は一過性のものにすぎない。抑え付けられた人々の不満は結局蓄積していくことになるから、維穏に励めば励むほど社会の安定が崩れる危険性はむしろ高まってくるだろう」

第6章

習近平体制が終わる日

新型肺炎で揺らいだ習近平神話

地に落ちた権威

前に述べたように、新型肺炎騒動が起こったとき、習近平の施策は後手後手の連続だった。そのために、新型肺炎は世界中に蔓延し、2020年6月現在、終息はまだ遠く、世界中から非難を浴びることになった。

しかし、当の中国は謝罪もせず、かえってあることないことを言い立てては、開き直ったかのように自己弁護をするばかりだった。

習近平の相次ぐ失策があからさまになったのは、繰り返すようだが、武漢市長の命がけの発表だった。黙ってしたがっていれば、自分の首が危ないと感じた市長は、生きる道を求めて、生放送での会見に応じたのである。

これまで絶対に、上の指示に逆らうことのなかった下の人間が反旗を翻したというこの事実は、共産党中央政府の権威が下がってきていることを示している。

法的な権力は維持していても、権威を失った共産党中央政府の持つ神話は揺らいでいるのである。

しかし、じつは、中国の社会状況は以前から悪くなっていた。共産党独裁政権に疑問符がつきはじめていたのである。

たとえば、中国ではたとえ一流大学を出ても、希望どおり就職するのは至難の業《わざ》である。中国の場合、7月に大学を卒業し、9月から働き始めることになっているが、たとえば、2018年の新卒者数は過去最多の820万人にのぼったものの、就職率は2014年の25パーセントから21パーセントまで下がった。ということは、じつに約650万人が就職待機組に甘んじたことになる。

さらに言えば、自国に有利な数字は水増しし、不利を招く数字は控えめに発表するのが中国当局の常である。したがって、就職待機組の数字はもっと多かったのではないだろうか。

しかもこの状況は年を追うごとに厳しくなっていて、今後、大学生の就職難が社会的混乱をさらに拡大する可能性が高い。

それでは、北京郊外に多数いるという大卒失業者はどういう生活を送っているのか。彼らは、蟻のように小さくなって暮らしているという意味から「蟻族」と呼ばれ、暖房も浴室もトイレもない狭い一室に住み、自炊しながらやっと食べているという生活をしている。

もちろん北京だけでなく、同じような生活をしている人は全国各都市に大勢いる。現に、私の親族にも蟻族になった人間がいる。大量の蟻族の存在は、政権にとって頭痛のタネであろう。

近現代に至る中国史上、富と権力から疎外された若い知識人は、常に反乱や革命を起こす中核となってきたからである。反日運動を激化させるのも、彼らであることが多い。

蟻族は、高学歴をもつエリートだと自任しつつ、社会的な立場に立つことができていない。さらに言えば、彼らの大部分は農村出身者だ。それがさらに就職を困難にしている。

中国では戸籍格差があって、最初から「都市戸籍を持っていること」を採用の条件にしている企業も多いのである。

ということは、豊かな生活を満喫している人々の大半は都市出身者だということになる。国内の富豪たちの超セレブな生活ぶりや権力による腐敗の氾濫を目の当たりにした彼らが、反乱や革命を起こすに十分な心境を抱えているであろうことも納得できるのである。

また、近頃ではさらに悲惨な「鼠族」が登場している。地上の賃貸住宅は家賃が高すぎて住めず、安い地下室に住むようになったという経緯からそう呼ばれている。

2020年2月にアカデミー作品賞をとった韓国映画『パラサイト』は、「半地下の家族」という副題がついているが、中国の鼠族はそれよりひどい「半」ではない「全」地下生活者なのだ。

彼らの多くは、この社会がどこかで間違っているのではないかと、政治や社会全体のあり方に懐疑の目を向けていくだろう。

それはすなわち、革命思想の萌芽となり、中国社会の抱える時限爆弾の1つと化す。中国では昔から造反するのは、毛沢東たちもそうだったように、落ちこぼれの知識人と相場が決まっているからである。

求心力維持のため、国民の関心を国外へ

ただ、就職難にあえぐのは大学生だけではない。

国家衛生・計画出産委員会の「中国流動人口発展報告二〇一二」によれば、2011年末に中国全国の流動人口は、史上最高の2億3千万人に達したという。

中国で言う流動人口とは、安定した生活基盤を持たず、職場と住居を転々とする人々のことを指す。

そして全流動人口の8割は、農村戸籍を持ついわゆる「農民工」で、平均年齢は28歳だという。

これがどれほど凄まじい現実なのか、それは、数字を日本に置き換えてみればわかる。日本の総人口は中国の約10分の1の1億3千万人、ということは、日本に2千3

00万人の定職を持たない人々がいるということになる。

彼らが、東京から大阪、大阪から九州という具合に、日本中を職を求めて流れ歩く状況を考えてみてほしい。想像するだけでゾッとする話だが、中国ではこれが現実のものになっているのである。


しかも現在、米中関係が悪化している上に、新型肺炎蔓延で、経済状況はさらに悪くなっている。今後高度経済成長が止まってしまったら、2億人近くいる農民工のかなり多くが受け皿を失うことになる

これもまた、中国が不安定となる大きな要素なのである。

これまで、膨大な数の農民工に生活の糧を与えていたのは、中国の高度成長を支えてきた対外輸出の急成長と、固定資産投資の継続的拡大だった。沿岸地域の輸出向け加工産業が繁栄すると、内陸部農村出身の若者たちが大量に集団就職してきた。

そして、不動産投資や公共事業投資が盛んだったときには、農民工の多くは建設現場の労働力として吸収された。つまり、高度成長が継続している間は、農民工は流動人口にカウントされながらも、異郷の都市部で何とか生計を立てることができたので

である。

しかし、２０１１年の後半から、世界的経済不況と中国国内の生産コストの上昇、さらには人民元高が原因で、中国の対外輸出が大幅に減速した。

さらに、金融引き締めによって公共事業投資が激減する中で、不動産バブルの崩壊が始まり、全国的な「大普請ブーム」はもはや過去のものとなった。

その結果、多くの農民工が輸出産業と建設現場から「余剰労働力」としてはじき出される羽目になった。中国の沿岸地域で、企業倒産とリストラの嵐が吹き荒れる中で、職を失った農民工の「帰郷ラッシュ」が起きたのである。

しかし、帰郷できるのはまだ恵まれているといえる。前述したように、農民工たちの平均年齢は28歳、大半が20代である。いわば「農民工二世」の彼らの多くはじつは都市部で成長しており、実質的にはすでに農民ではなくなっている。

だから、農村部に帰っても耕す農地もないし、農作業のことは何もわからない。彼らにはもはや帰郷すべき「故郷」がないのである。

農村には帰れず都市部にとどまっても満足に職に就けない彼らの存在は当然、深刻な社会問題となっている。その人数が億単位にでも達していれば、それこそ政権にとって大変危険な不安定要素となろう。

そんな中、中国共産党中央党校が発行する『学習時報』が、「新世代農民工の集団的焦燥感に注目せよ」と題した原稿を発表した。

新世代農民工たちの焦燥感が、集団的憤怒に発展するのを防ぐべきだと論じたのだが、これはまさにこの問題に対する現政権の危機感の表れである。

中国の歴史上、農村部での生活基盤を失って、都市部に流れてくる「流民」の存在は、常に王朝にとって大いなる脅威であった。

行き場を失った流民の不満暴発は、いつの時代も王朝崩壊の引き金となるからだ。だからこそ中国は、無理やりにでも経済成長を維持しなければならなかった。

だが、それも叶わなくなった。とくに、現在の中国は、多事多難のときを迎えている。習近平政権は今後一体、どうやってそういう人々を手なずけ、民衆の爆発を防ごうとするのだろうか。

おそらく彼らに残される最後の有効手段の1つは、すなわち対外的な強硬政策を推し進めることによって、国民の目を外に向かわせることだろう。

求心力を失った習近平が、切羽詰まって尖閣諸島の占領に打って出ることも十分あり得ることを、日本は覚悟せねばなるまい。

現に、尖閣付近を窺う中国公船の数は増える一方であり、日本に秋波を送り始めた今も、それが止む気配はないのだ。

次の党大会で、習近平は終わりを迎える?

武漢発祥といわれている新型肺炎は、感染者と死亡者を爆発的に増やし、いずれ教科書に掲載されるほどの歴史的事件になりつつある。

香港大学医学院の梁卓偉院長は、4月から5月にピークを迎え、6月ごろには収束するだろうと予測したが、実際は、この本を書いている6月1日の段階でも、まだまだ予断は許されない状況である。

中国は、封じ込めに成功したと公表したが、肝心の武漢市民がそれに疑いを抱いていることを考えれば、例によって隠蔽工作の1つではないかと思えてくる。

このように、情報隠蔽は結果として、国民すべての命に関わる大事になった。これまでの70年間、頭では「言論の自由は大事」と考えることがあっても、大半の国民はあまり興味を持たなかった。

金持ちにしても、中産階級にしても、言論の自由があるかないかなど、自分たちの生活には関係ない、金儲けができていい生活ができれば、言論の自由がなくても生きていけると思っていたのである。

しかし、今回の新型コロナウイルスの問題で、ようやく多くの人が、情報隠蔽の恐ろしさを知った。情報を隠蔽されたら自分は死ぬかもしれないということに気づいたとき、それは1つの意識変化につながるかもしれない。

体制変化がすぐに起きるとは思わないが、きっかけにはなる可能性はある。人は、抽象的な理念より、命や生活に関わるところでピンとくるものなのだ。

意識変化は、大きな変化への第一歩なのである。

こうした隠蔽体質は、共産主義的で情報統制社会に共通しているものだ。たとえば、ソ連時代に起こったチェルノブイリ原発事故も同じようなものと言えよう。

隠蔽体質は、それ以前の原子力潜水艦沈没事故でも発揮され、ソ連は情報を隠蔽し、事故原因などの情報が共有されなかった。

それが、ソ連崩壊のきっかけとなったのである。

中国が、以前起きたSARSウイルス発生においての教訓を今回生かすことができなかったのも、隠蔽体質を持つ共産党国家だからである。

しかし、今回はさすがの中国国民も、情報や言論の自由を求め始めている。前に述べた武漢市長の抵抗などは、そうした兆しが出てきた証しだろう。中国国民は自分たちのために国民自身が、中国共産党体制の危険性を認識すべきなのである。

そうでなければ、たとえ、新型肺炎が収まっても、また同じような危険に晒される可能性大だからである。ウイルス性の感染症は、いったんは征圧できても、さらに新たなウイルスが出てきて人類に襲いかかるかもしれないのである。

今回の新型肺炎問題について、中国共産党政権のもう1つ重要な問題点は、千人単位で収容できる病院を作ったが、それが隔離施設であって治療施設ではないことだ。つまりこの施設では、感染者を治すつもりはなかったということなのである。

この施設を軍が運営・管理している段階で、推して知るべしだった。そこに中国共産党の、人民支配と人民擁護の矛盾が噴出している。

私は、習近平の国家主席就任以来、一貫して毛沢東に回帰したかのような彼の施政を批判し続けてきた。しかし、ついにことここに至り、この新型肺炎問題が、習近平政権転落のきっかけになるのではないかと考えている。

新型肺炎への対応ぶりで権威を失ったこともそうだが、そのうえ惨状の隠蔽でごまかしきれない各方面への影響が表面化しはじめたら、一体中国はどうなるか。都市機能、製造、生産、消費などの経済活動が完全に麻痺するだろう。

なぜならば、大手の外資系企業が、中国からの撤退を考え始めているからである。外国資本はこれまで、中国の安い人件費を目当てに、独裁も人権無視も問題視せずに大工場を建設してきた。

しかし、トランプ政権との経済戦争と新型肺炎の蔓延と予想外の事態になり、今まで進めてきた経済循環のシステムに赤信号が灯ったのである。

だから、中国と道連れになるか、それとも中国から脱出して新しい相手との生産協力網や需給関係網を再構築するか、この二者択一になるだろう。

とはいえ、そのどちらを選ぶかは明らかだ。共倒れになる義理などまったくないからである。

結局、中国の経済規模は縮小して行かざるを得ないのではないか。現に、踏んだり蹴ったりの状況の中、相当な経済的ダメージを受けている中国である。

次の党大会で、習政権が終わりを告げる可能性は高いのである。

習近平国賓訪日は百害あって一利なし

前述のように、中国は、米中関係の悪化にともなって、日本との関係を修復すべく近寄ってきた。当初今年4月に予定されていた習近平の国賓としての来日は、昨今の新型肺炎騒ぎで日程再調整となり、この本を書いている6月1日の段階ではいつ頃まで延期されるかは不透明だが、今から10年ほど前の体験から、国賓として遇されることのメリットを知っている習近平は、今回の招待を最大限利用しようとしているのだろう。

10年前の体験とは2009年、民主党鳩山政権のときだった。

中国が、副主席だった習近平来日にあたって、天皇陛下との会見を求めたが、日本側は天皇の健康状態や「1か月前」ルールを理由にして断った。

しかし、中国側が了解したにもかかわらず、幹事長だった小沢一郎氏が、日中関係の重要さを強調し、特例会見としていわばごり押しの形で実現させたのである。

抵抗感を引きずった羽毛田《はけた》信吾宮内庁長官は、記者会見で以下のように述べた。大切な証言なので概要を紹介しておく。

――外国からの賓客については、引見（会見）希望日が迫った形で願い出があると、両陛下の日程調整に支障をきたす。ひいては繁忙をきわめる両陛下の生活に想定外のご負担をきたすことになる。常態化すればゆゆしきことであると考えて、1カ月以上前に内閣から願い出を頂くのをルールとしてやってきた。特に天皇陛下が前立腺がんの摘出手術を受けた（後の）平成16（2004）年以降は、ご負担や年齢を考慮して、このルールをより厳格に守っていただきたいと政府内に徹底してきた。

このルールは、国の大小や政治的に重要かどうかで取り扱いに差をつけるということなしに実施してきた。陛下の国際親善は、政府のやることとは次元を異にするもので、政治的な重要性、懸案、政治判断を超えたところでなされるべきだ。（今回の要請は）現在の憲法下にかかわる天皇陛下のお務めのあり方とか、役割とか、基本的なことにかかわることだと考えている。

今回、内々に外務省から宮内庁に打診されてきた時は、1カ月を切っていたので、ルールに照らし合わせて外務省に「応じかねる」との回答をした。外務省も「そうですか」と了承した。

その後、官房長官から「ルールは理解するけれども、日中関係の重要性にかんがみ、内閣としてはぜひお願いする」と言ってきた。私は「事務的に作ったルールではあるかもしれないけれども、やはり陛下をお守りするために作られたものであり、それは国の大小や、政治的に重要かどうかなどにかかわりなくやってきたので、ぜひ尊重していただきたい。尊重することが政府のありようではないでしょうか」と申しあげた。

その後、官房長官から再度「総理の指示を受けての要請だ」と指示があった。そうなってくると、宮内庁も内閣の一翼を担う存在であり、宮内庁長官も内閣の指示に従うべき立場。こちら側の問題意識を申しあげながら、大変に異例なことではありますけれども、曲げて陛下にお願いすることにした。

私としては、誠に心苦しい気持ち。こういったことは二度とあってほしくない、というのが私の切なる願いだ。(「天皇の政治利用につながりかねない懸念があるということか」との記者の質問に) 大きく言えばそういうことだろう。

陛下の国際親善のなさりようというのは、国の外交とは違うところにある。これから何かあった時に、陛下を打開役にということになれば、それはまさに今の憲法上の陛下のあり方と大きく異なる。

(『毎日新聞』2009年12月12日夕刊より)

こうしたすったもんだの挙句に実現した会見である。それがどれほど重要なことであるかを、習近平はよくわかっているにちがいない。

しかし、それが日本に何かの利益をもたらしたかと言えば、その答えは「否」である。日本を御しやすいと見た中国は、さまざまな圧力をかけているのである。

だから、私個人の考えではあるが、もしまた日本が国賓扱いするとすれば、日本にとってのメリットは全くない。「百害あって一利なし」と言っても言い過ぎではないと言いたいくらいデメリットばかりだ。

たとえば、一部の人々は、「中国とのビジネス関係が深くなっているから、経済交流をより活発化するために、国賓として招待することにはメリットがある」と主張する。

しかし、国賓として招待されようとされまいと、日本との取引に得があると考えれば習近平は商売をするし、得がなければしない。招待すれば中国との商売がうまくいくなどと、ばかばかしいことは考えないほうがいいのである。

あるいは、中国人観光客が大勢来るから招待したほうがいいと言う人もいるが、それもまったく関係のない話だ。観光客は、習近平が国賓になったから来るのではなく、日本が好きで日本を観たいから来るのである。

また、新型コロナウイルス禍で延期されたが、東京オリンピックを成功させるためと言う人もいる。しかし、これも、国賓としての招待とは無関係である。いずれにしても、オリンピックは開催されるし、中国がボイコットすることはないからである。現に安倍首相は、習近平を招くことのメリットを1つも挙げていないではないか。彼から、具体的な説明がないのは、説明できないからである。おそらく、経済界の突き上げを受けて、間違った判断をしているのだろう。

数あるデメリット

逆に、デメリットを挙げてみよう。

▪人権弾圧

今の中国は、ウイグル人虐待、香港弾圧などで、国際的なイメージが悪くなっている。世界が、中国を非難する姿勢を示しているのだ。

だから将来、習近平は稀代の独裁者として歴史に残るかもしれない。百年経っても世界中の人々は許さないし、後世の中国人も許さないだろう。日本は、国際的に孤立するかもしれない。

なぜならば、習近平がやったことは、戦後のドイツ人が戦時の指導者を清算したように、いずれ中国でも中国人の手で清算されるからだ。たとえ、中国共産党が崩壊しなかったとしても、習近平は何らかの形で葬り去られる。そして、悪の全責任は習近平に押し付けられるのである。

こういう人間が、国賓として招かれ天皇陛下の晩餐会に招待され、天皇陛下と握手をかわす。これは、皇室にとっても汚点になってしまうにちがいない。

▪アメリカとの関係

アメリカは今、民主党も共和党も超党派で、民主主義の理念、反ファシズムの理念から、中国の覇権主義を許さない。少数民族に対する弾圧も許さない。

その証拠に、ウイグル人権法が2019年12月3日下院を通過して成立した。

この法律の正式名称は、「新疆におけるトルク族ムスリムの人たちに対するひどい人権侵害を非難し中国内外でのこれらの人たちへの恣意的な拘留、拷問及びハラスメントを止めさせることを訴える法案」という。

9月11日の上院では全会一致で可決、今回の下院でも407対1という圧倒的多数による可決で、民主主義の普遍的価値を破壊することを許さないのである。

このように中国とあらゆる点で対立しているアメリカにとって、安倍政権が習近平といい関係になることが不愉快でないはずがない。日米同盟に大きな影響を与えるだけでなく、日本は多くのアメリカ人にとって、民主主義や人権の普遍的な価値に対する裏切り者になるはずだ。

しかも、前述のように、香港の民主化要求デモの弾圧に対しても、世界の国が反対決議をしているというのに、日本政府はそれに触れなかった。それも、日本が中国に隷属しているかのような印象を与えているのである。

▪世界の目

言うまでもなく、日本は民主主義国家であり、経済大国でもある。だから、先進国に相応《ふさわ》しい普通の価値観を大事にしなければならない。習近平を国賓として招待することは、そうした価値観に反している。

各地で人権問題を起こしている人間と日本の安倍首相は仲良くしようとしているのは日本の見識が疑われる行為だ。日本は果たして、普遍的な価値を大事にしているのかと、アジア諸国からも日本の立場が疑われるにちがいない。

戦後独立を果たしたが、今は中国に圧迫されている東南アジアの国々は、日本に大きな期待をかけている。アジアの正しい秩序と平和を守るための欠かせない存在と思われているのである。

だから、日本がもし、中国に従属するようなことになったならば、アジア諸国は日本に失望し、日本を見放すだろう。

中国政府は外交に感情を差し挟まない

また、日本人一般によくある通念として、「困っているときに助けてあげれば、相手は恩義を感じて、いずれはそれに応えてくれる」という考え方が根強くある。

アメリカやアジア諸国から批判されて四面楚歌の中国が、困っているときこそ、助けの手を差し伸べるべきだと言うのである。

おそらく、習近平に恩を売っておけば、日本に対する強硬姿勢を改め、おとなしくなるという期待をしているのだろう。

しかし、これは日本独特の倫理観であって、中国にそういう発想はない。だから、これは日本人の妄想であり幻想だと思ったほうがいい。

「国賓として手厚くもてなした上で話をすれば、相手もこちらの話を聞くだろう」という日本の常識は、習近平には一切通用しない。習近平個人だけではなく、中国共産党にも通用しないのである。

中国が相手に歩み寄るときは、相手が怖いときだけである。自分が危うくなると相手に優しくするのだ。中国は昔からそういう国で、自分が強くなれば、相手に恩があろうが義理があろうが気にしない。

日本政府も経済界も、中国という国を徹底的に研究し、中国のメンタリティを踏まえた付き合い方を考えなければならないのである。

ところが、日本人は、韓国に対しても同じだが、相手が自分と同じ価値観を持っていると勘違いして行動する。しかも、何回騙されても目が覚めない。これほど騙しやすい国民はほかにはいないだろう。そして今回、また同じ過ちを繰り返そうとしているのである。

騙されても騙されても日本はついていく。しかも、それがかつての民主党政権だったならともかく、れっきとした保守政権が今、習近平という人類共通の敵と仲良くして、歴史的に汚点を残すようなことをやろうとしているのである。

百歩ゆずって国賓として招くのであれば、たとえば、尖閣諸島の領海内での侵犯行為をやめるなど条件をつけるべきだ。

それを習近平が呑むかどうかを試すべきである。

こうした強気の態度を示さず、安倍総理がその場で話を持ち出しても、ただ聞き流されるだけで、何の意味もないのである。

江沢民政権の「手の平返し」に学べ

お人好しの日本に対する「手の平返し」の典型的な例として、江沢民政権のときの一件を忘れてはいけない。

古い話になるが、天安門事件が起こったときのことである。事件直後の1989年6月、日本政府は中国に対する第3次円借款の見合わせを通告し、フランスなどもこれに応じた。

7月の先進国首脳会議でも中国の民主化弾圧を非難し、世界銀行の中国に対する新規融資の延期に同意する政治宣言が発表された。

しかし、当時の宇野宗佑首相は、この会議が開催される前に、対中制裁に反対する中曽根康弘らと会談していた。会議では、中国を孤立させるべきではないと主張し、ほかの民主主義国家との距離を生んだ。

江沢民は、宇野氏が総理退任後に訪中したときに謝意を表し、翌年、円借款が再開された。そして、江沢民は天安門事件のイメージを払しょくするために、1992年、田中角栄への見舞いを兼ねて訪日したときに天皇陛下を中国に招待した。

それを受けて天皇皇后両陛下は、同年10月に中国を訪問している。

それによって、中国は国際社会会議参加のきっかけをつかんだのである。

日本は「これで中国も民主主義国家になり、日本とも仲良くするだろう」と期待した。しかし、国際的孤立を克服したあと江沢民政権はどうしたか。

江沢民は、自分たちが国際会議に復帰して経済を成長させることに成功すると、アメリカといい関係を結んで日本を叩き始めたのだ。

1994年に、「愛国主義教育実施要綱」を制定し、「抗日戦争勝利50周年」にあたる1995年から徹底した反日教育を推進していった。江沢民の対日政策によって中国では反日感情が高まり、同時に日本でも嫌中意識が強まっていった。

1998年、江沢民は訪日したが、それは親善のためではなかった。

「日本では政府による歴史教育が不十分だから、不幸な歴史に対する国民の知識がきわめて乏しい」と発言して、日本の歴史教育を激しく非難した。

さらには、日中共同宣言で詫びる文書を明記するよう求めたり、天皇陛下主催の宮中晩餐会で遠慮のない日本批判をしたりして、日本国民の顰蹙《ひんしゅく》を買った。

また、日本の首相による靖国神社参拝には断固反対の立場をとった。江沢民と後任の胡錦濤は、靖国神社を毎年参拝した小泉純一郎首相とはほとんど首脳会談を行なわなかった。

このように、江沢民は、恩義を感じて日本への態度がよくなることはなかった。甘い敵には必ず仇で返すのが中国なのである。

これからの時代の「中国リスク」の考え方

こうして何度も中国の「手の平返し」を食らいながらも、懲りずに中国の「情」を信じているかのような日本は、この際、きっぱりと中国リスクを見直すべきである。

今回の新型肺炎問題にしても、安倍政権のやり方はあまりにも生ぬるかった。その責任は安倍政権にある。

たとえば1月下旬には、アメリカ、シンガポール、オーストラリア、ベトナム、ニュージーランドなどさまざまな国が一斉に中国からの入国を禁じた。ところが、安倍政権は、中国から来た人間が、本当に武漢にいたかいなかったかなど、日本人にわかるはずがないのに、最初は武漢のある湖北省からの入国制限に限定だった。

その後の対応も後手に回るばかりだった。これは安倍政権の問題であると同時に日本の戦後体制にも原因がある。戦後の対中姿勢の基本が、中国に配慮する、中国への忖度の雰囲気に覆われているのではないか。

しかも、中国はその後、逆に日本からの入国を禁じた。

問題を作ったのは中国なのに、日本に対してこうした厳しい姿勢をとったのである。あまりにも情けないではないか。

しかも、すでに感染拡大が明らかになっていた2020年1月23日付で、安倍首相は、北京の日本大使館のホームページに中国の春節に寄せる祝辞を載せた。

そのなかで、「春節に際して、そしてまた、オリンピック・パラリンピック等の機会を通じて、さらに多くの中国の皆様が訪日されることを楽しみにしています」とまで言ってしまっていた。

もちろん、この文言は感染騒動前から用意されていたものだろうが、さすがに1週間後この記事は削除された。

このメッセージの一部でも触れられていたが、安倍政権としては、当時習近平の国賓来日への配慮から、中国に厳しい措置を取れなかったのかもしれない。

もちろん、私は中国とのビジネス関係はあったほうがいいし、観光客が増えるのも歓迎したい。しかし、関西に住んでいる私にすれば、観光客は増えすぎた感がある。

中国で何が起きるかわからないからである。2003年には「SARS」があったし、今回は「新型肺炎」だ。

そんなとき、中国は共産主義の独裁国家だから、一瞬で日本に来る観光客をゼロにすることができる。そうなったら、中国からの観光客をあてにして多額の設備投資をした日本の観光業界はどうなるか。それは火を見るより明らかだ。

もちろん、新型肺炎の蔓延を防ぐためであるならば、それもやむを得ないだろう。しかし、もし、それが反日を完遂させるためだったら、それを考えると、観光客増加を単純に喜んでいていいはずはないのである。

現に、中国は先年、台湾で反中国派の蔡英文現総統が勢力を伸ばし始めたころ、台湾への団体旅行を中止した。中国ではそういうことが突然起こるのだ。

こういう不測の事態が起きる可能性は、観光業だけではない。

たとえば、今回の新型肺炎事件に際しては、日本の自動車業界は部品が調達できず生産停止につながった。

これまた、中国が日本の産業を破綻させるために、故意に部品送達を中止する可能性もあるのだ。その他、中国経済が破綻する可能性もあるこうした問題点があることを日本はもっと意識しなければならない。

幸い、ようやく気づいたか、日本政府は、中国など特定の国から日本や東南アジア諸国に生産拠点を移す企業などに対して、整備費用の一部を補助する方針を固めた。新型コロナウイルスの感染拡大で、中国からの部品供給が滞り、車などの生産が一時停止に追い込まれたことを受けて、中国への依存度を引き下げるためである。

この脱中国依存に、2千億円規模の予算が計上される予定だという。

要するに、中国とは喧嘩をする必要もないし、友だちになろうという考えも捨てたほうがいいということだ。仲良くなろうとしてもムリだからだ。つまり、是々非々でやっていくことが中国と付き合うコツなのである。

もちろん、日本は「情」が深い素晴らしい国である。東日本大震災のときも、日本の秩序ある行動は、世界中から称賛の的になった。

しかし、それだけでは、隠蔽体質国家である中国につけ入られるだけで、日本の将来を危うくすることになる。だから、日本の美点を失うことなく、したたかに生きる道を探してほしいと思うのである。

本書は、『世界征服を夢見る嫌われ者国家　中国の狂気』（ビジネス社刊）の内容を基に、大幅に加筆のうえ、再構成したものです。

著者略歴

石 平 (せき・へい)

評論家。1962年、中国四川省成都市生まれ。80年、北京大学哲学部に入学後、中国民主化運動に傾倒。84年、同大学を卒業後、四川大学講師を経て、88年に来日。95年、神戸大学大学院文化学研究科博士課程を修了し、民間研究機関に勤務。2002年より執筆活動に入り、07年に日本国籍を取得。14年『なぜ中国から離れると日本はうまくいくのか』(PHP新書)で第23回山本七平賞を受賞。著書に『なぜ中国は日本に憧れ続けているのか』(SB新書)など多数。

SB新書 512

中国《ちゅうごく》はなぜ、何《なに》があっても謝《あやま》れないのか

2020年 7月15日 初版第1刷発行

著 者 石《せき》平《へい》

発行者 小川 淳

発行所 SBクリエイティブ株式会社
〒106-0032 東京都港区六本木2-4-5
電話：03-5549-1201(営業部)

装 幀 長坂勇司(nagasaka design)

本文デザイン 荒井雅美(トモエキコウ)

D T P 米山雄基

著者写真 大倉英揮

編集協力 株式会社アイ・ティ・コム

印刷・製本 大日本印刷株式会社

本書をお読みになったご意見・ご感想を下記URL、
または左記QRコードよりお寄せください。

https://isbn2.sbcr.jp/06558/

ISBN 978-4-8156-0655-8

SB新書

令和の時代に日本が直面する問題とはなにか
新しい日本人論
加瀬英明／石平
ケント・ギルバート

中国が日本に抱く「嫉妬」の正体
なぜ中国は日本に憧れ続けているのか
石平

知日家の英国人記者が明かす、真実の歴史
英国人記者が見抜いた戦後史の正体
ヘンリー・S・ストークス

日本と日本人はなぜ、世界一人気なのか？
日本人だけが知らない本当は世界でいちばん人気の国・日本
ケント・ギルバート

『代表的日本人』を再発見！
日本人だけが知らない世界から尊敬される日本人
ケント・ギルバート